KU-876-114

Inhoud

FR CONTENU EN CONTENT

Voorwoord

FR AVANT-PROPOS EN PREFACE

Antwerpen: van retro curiosa tot trendy chic

Een tip, die eigenlijk meer zegt over Antwerpen dan tien volzinnen: stick around! De stad aan de Schelde wordt door cityhoppers en backpackers ten onrechte vaak over het hoofd gezien. Maar misschien komt daar verandering in: de jongste editie van Lonely Planet kroonde Antwerpen met een plaatsje in haar top tien van meest interessante wereldsteden, naast hectische metropolen als Mexico City, Shanghai en Beiroet. Onze nieuwsgierige noorderburen wisten het blijkbaar al langer: zij zwermen elk weekend massaal over de sinjorenstad uit en vertegenwoordigen er maar liefst een kwart van de hotelbezetting.

Bovenaan het motivatielijstje voor een dagje Antwerpen staan shoppen en cultuur en, met stip: gastronomie en kunst. Het licht absurde (lees 'avant-gardistische'), eclectische en Bourgondische karakter van de stad lonkt als een exotische vrouw met barokke heupen. Zonder opdringerig te worden, wuift ze met haar prikkelende mix van modern en klassiek, van koel en monumentaal, trendy tot bohemien. Van een complexe persoonlijkheid gesproken...

De handelsgeest van de middeleeuwse wereldstad waart vandaag nog rond in het oude centrum en langs de kaaien, zij het dan in de gedaante van gethematiseerde winkelzones en goed gedoseerde concentraties van clubs en cafés. Naast de onvermijdelijke blikvangers en urban trendsetters die uit andere hippe wereldsteden komen aanwaaien, vind je er een ongezien aanbod van vintage en tweedehands. Een combinatie van beide circuits heet 'funshoppen', en wel daarom is het aan u om uit te maken waar en wanneer. Waar de terrasjes op de Groenplaats en de Grote Markt overdag schitteren van de Ray-Bans, dimt de atmosfeer bij valavond tot jazz and blues in de bruine kroegen, tavernes en grand cafés. Voor clubs en discotheken meer je aan op 't Zuid en Het Eilandje, dat met het ambitieuze Westkaai woonproject en de komst van het Museum aan de Stroom (MAS) in het voorjaar van 2010 een nieuwe aantrekkingspool wordt. Waar de oude stad en de haven elkaar de hand reiken, ontsproot een soort Greenwich Village met vaste theaterstekjes, literaire cafés, interieurzaken, antiekzaken en kunstgalerijen. Voor onvervalst Antwerps volkstheater moeten we in de theaterbuurt Quartier Latin zijn, waar ook de gerestaureerde Bourla en het Arenbergs cabaret de cultuurliefhebbers zoet houden. Maar de ruimtelijkheid van de haven inspireert ook punk artiesten met een 'do it yourself'-ethiek, wat resulteert in een broeierige underground scene die het midden houdt tussen obscure parties, performance art en beeldende kunst met een industrieel randje. Voeg daarbij gevestigde waarden zoals Café d'Anvers, een 'Velvet Lounge' tempel die de hype overleefde, veelzijdige clubs als Petrol en Kaaiman, gewaagde party concepten als Nanno sur l'O en Push It Club, en ieders honger zou wel gestild moeten zijn.

Anvers : des curiosités rétro au chic tendance

Un conseil qui vous en dira bien plus sur Anvers qu'un texte complet : restez dans les parages ! La ville située en bordure de l'Escaut est souvent oubliée à tort des « city trotters » et routards. Mais un changement est peut-être en train de s'opérer à ce niveau : la dernière édition de Lonely Planet a mis Anvers à l'honneur en la classant parmi les dix villes les plus intéressantes du monde. Elle côtoie donc des métropoles grouillantes telles Mexico City, Shanghai et Beyrouth. Mais nos sympathiques voisins du nord le savaient probablement déjà depuis longtemps : ils sont en effet nombreux à s'égailler chaque week-end dans la ville des sinjoren et représentent au moins un quart des réservations hôtelières.

Au sommet de la liste des activités à entreprendre lors d'une journée à Anvers, figurent le shopping et la culture, avec en filigrane : la gastronomie et l'art. Le caractère légèrement absurde (lisez « avant-gardiste »), éclectique et bourguignon de la ville lui donne des allures de femme exotique aux hanches baroques. Sans être envahissante, elle vous invite à découvrir son patrimoine exaltant, savant mélange de moderne et de classique, de rigueur et de faste, de chic tendance et de style bohème. Somme toute, une personnalité complexe...

L'esprit commercial de cette métropole moyenâgeuse perdure encore autour du centre historique et le long des quais, que ce soit au niveau de la configuration des zones commerçantes thématiques ou de la concentration bien dosée des clubs et cafés. Outre les inévitables accroches et faiseurs de tendances urbaines issus d'autres métropoles branchées, l'on y trouve également une offre abondante de vintage et d'occasions. Une combinaison des deux circuits est ce que l'on appelle le « fun shopping », et c'est dès lors précisément à vous de décider où et quand. Aux endroits mêmes où les petites terrasses sur la Groenplaats et la Grote Markt affichent en journée un florilège de Ray-Bans, l'atmosphère se feutre au crépuscule sur fond d'airs de jazz and blues dans les cafés bruns, les tavernes et grands cafés. Les clubs et les discothèques sont nichés dans les quartiers 't Zuid et Het Eilandje ('la Petite Île'), lequel deviendra un nouveau pôle d'attractivité grâce à l'ambitieux projet de logements Westkaai et à l'inauguration du Museum aan de Stroom (MAS), prévue au printemps 2010. Au confluent de la vieille ville et du port, a été érigé une sorte de « Greenwich Village » avec de petits théâtres, des cafés littéraires, des galeries intérieures, des galeries d'antiquités ainsi que des galeries d'art. Pour apprécier un authentique théâtre populaire anversois, il faut se rendre dans le quartier du théâtre par excellence, le Quartier Latin. Le théâtre Bourla magnifiquement restauré et les spectacles de cabaret à l'Arenberg charmeront à coup sûr les amateurs de culture. Mais l'aménagement spatial du port inspire également les artistes punks avec une éthique « do it yourself », donnant lieu à une ardente scène underground mêlant obscure parties, performance art et arts plastiques avec une consonance industrielle. Ajoutez-y des valeurs sûres telles que le Café d'Anvers, temple « Velvet Lounge » ayant survécu au battage publicitaire, de nombreux clubs éclectiques comme Petrol et Kaaiman, des concepts audacieux comme Nanno sur l'O et Push It Club, et tout un chacun y trouvera sans nul doute chaussure à son pied.

Antwerp: from retro curiosities to trendy chic

One tip that says more about Antwerp than ten sentences: stick around! The city at the Scheldt is often overlooked by city-hoppers and backpackers. How wrong they are... But this may change: the latest edition of the Lonely Planet put Antwerp in the top ten of most interesting world cities, next to hectic metropolises such as Mexico City, Shanghai and Beirut. Our curious neighbours to the north have known this for a long time: every weekend swarms of Dutch people take over Antwerp - also known as the sinjorenstad - filling up more than a quarter of all hotels.

At the top of the list of reasons for a day in 'Anvers' are shopping and culture, and right at the top gastronomy and art. The slightly absurd (read 'avant-garde'), eclectic and exuberant character of the city works its charm like an exotic woman with baroque hips. Without being overbearing, she flaunts her titillating mix of modern and traditional, cool and monumental, trendy and bohemian. How's that for a complex personality...

The spirit of commerce of the medieval metropolis is still palpable in the old centre and along the quays, albeit in the form of specialised shopping zones and well proportioned concentrations of clubs and pubs. Apart from the ubiquitous eye-catchers and urban trendsetters of other cool metropolises, there is also a huge offer of vintage and second-hand shops. A combination of both circuits is known as 'fun-shopping', because it is up to you to decide where and when. Whereas the outdoor seating ('terrasjes') on the Groenplaats and the Grote Markt are rife with Ray-Bans, the atmosphere in the evening changes to jazz and blues in the traditional "brown" pubs, taverns and grand cafés. For clubs and nightclubs you can moor at 't Zuid and the Eilandje, which with the ambitious Westkaai housing project and the arrival of the 'Museum aan de Stroom (MAS)' (Museum on the river) in the spring of 2010 is destined to become the new place to be. Where the Old Town and the port extend a hand to each other, a kind of Greenwich Village sprouted with fixed theatre spots, literary cafés, interior, antique and art galleries. For genuine Antwerp style theatre entertainment you need to be in the Quartier Latin theatre district, where you also find the restored Bourla theatre and the Arenberg cabaret. The spaciousness of the port has also inspired punk artists with a 'do it yourself' ethic, resulting in a sultry underground scene standing midway between obscure parties, performance art and visual art with an industrial edge. Add to this mix established names such as Café d'Anvers, a 'Velvet Lounge' temple which survived the hype, versatile clubs such as Petrol and Kaaiman, daring party concepts such as Nanno Sur l'O and Push It Club, there is something here to tickle everyone's fancy.

Goed om weten

FR BIEN A SAVOIR EN GOOD TO KNOW

DIENST VOOR TOERISME

FR BUREAU DE TOURISME EN TOURIST OFFICE

Grote Markt 13, 2000 Antwerpen - Koningin Astridplein 26, 2018 Antwerpen
03 232 01 03 - ma-za 09.00 - 17.00 - zo 09.00 - 16.45

NUTTIGE TELEFOONNUMMERS

FR NUMÉROS DE TÉLÉPHONE UTILES EN USEFUL PHONE NUMBERS

100	Ambulance & Brandweer	Ambulance & pompiers	Ambulance & Fire Service
101	Politie	Police	Police
0800 123 12	Inlichtingen politie	Renseignements police	Information police
070 245 245	Antigifcentrum	Centre antipoisons	Antipoison Center
03 286 11 86	Dokters	Docteurs	Doctors
03 448 02 20	Tandartsen	Dentistes	Dentists
03 233 56 51	Dierenartsen	Vétérinaires	Vets
0900 10 512	Apothekers (22.00 - 09.00) of www.apotheek.be		

VAKANTIES & SOLDEN

FR VACANCES & SOLDES EN HOLIDAYS & BARGAINS

1/7 - 31/7/09	Zomersolden	Soldes d'été	Summer bargains
1/7 - 31/8/09	Zomervakantie	Vacances d'été	Summer holidays
2/11 - 8/11/09	Herfstvakantie	Vacances d'automne	Autumn holiday
21/12/09 - 3/1/10	Kerstvakantie	Vacances de Noël	Christmas holidays
2/1 - 31/1/10	Wintersolden	Soldes d'hiver	Winter bargains
15/2 - 21/2/10	Krokusvakantie	Vacances de crocus	Crocus holiday
5/4 - 18/4/10	Paasvakantie	Vacances de Pâques	Easter holiday

TREIN FR TRAIN EN TRAIN

Koningin Astridplein 27, 2018 Antwerpen, 02 528 28 28

PARKEERGARAGES zie plattegronden

FR GARAGES SOUTERRAIN: voir plans EN CAR PARKS: see city maps

TAXI'S

FR TAXIS EN CABS

NL Standplaatsen centrum FR Stations de taxi au centre EN Cab-stands centre: Grote Markt, Groenplaats, Oude Koornmarkt, Huidevetterstraat, De Keyserlei, Frankrijklei, Rijnkaai en Waalse Kaai // Radiocentrales: Antwerp-tax 03 238 38 38 - D Taxi 03 825 75 75, Metropole Taxi 03 233 22 48, Star Taxi 03 257 57 57

OPENBAAR VERVOER

FR TRANSPORT PUBLIC EN PUBLIC TRANSPORT

De Lijn - 070 22 02 00 - www.delijn.be

FIETSENVERHUUR

FR LOCATION DE BICYCLETTES EN BIKE RENTAL

Antwerp Bikes, Lijnwaadmarkt 6, 03 290 49 62 // De Fiets-Dokter Verschansingstraat 48, 03 237 82 54 // De Ligfiets, Steenhouwersvest 25, 03 293 74 56 // Fietshaven, fietsenparking Koningin Astridplein, 03 203 06 73 // Freewieler, Steenplein, 03 213 22 51

HET WEER FR LE TEMPS EN THE WEATHER

NL gemiddelde temperatuur (°C) FR température moyenne (°C) EN average temperature (°C)

JAN	FEB	MRT	APR	MEI	JUN	JUL	AUG	SEP	OKT	NOV	DEC
2,2	3,1	5,3	8,8	12,3	15,6	17	16,9	14,3	10,1	6,0	3,2

NL gemiddelde neerslag (mm) FR pluviosité moyenne (mm) EN average rainfall (mm)

JAN	FEB	MRT	APR	MEI	JUN	JUL	AUG	SEP	OKT	NOV	DEC
62	49	48	49	60	70	80	80	73	71	67	67

MARKTEN

FR MARCHÉS EN MARKETS

Vogelenmarkt	Theaterplein & Oudevaartplaats	zo 08.00 - 13.00
Exotische markt	Theaterplein & Oudevaartplaats	za 08.00 - 16.00
Vrijdagmarkt	Vrijdagmarkt	vr 09.00 - 13.00
Brocante	Lijnwaadmarkt	za 09.00 - 17.00
Antiekmarkt	Sint-Jansvliet	zo 09.00 - 17.00

INTERNET FR INTERNET EN INTERNET

www.antwerpen.be // www.beschermcultureelerfgoedantwerpen.wordpress.com
www.cityzine.be/gidsen/antwerpen // www.gva.be // www.modenatie.com
www.use-it.be // www.vai.be // www.weekup.be

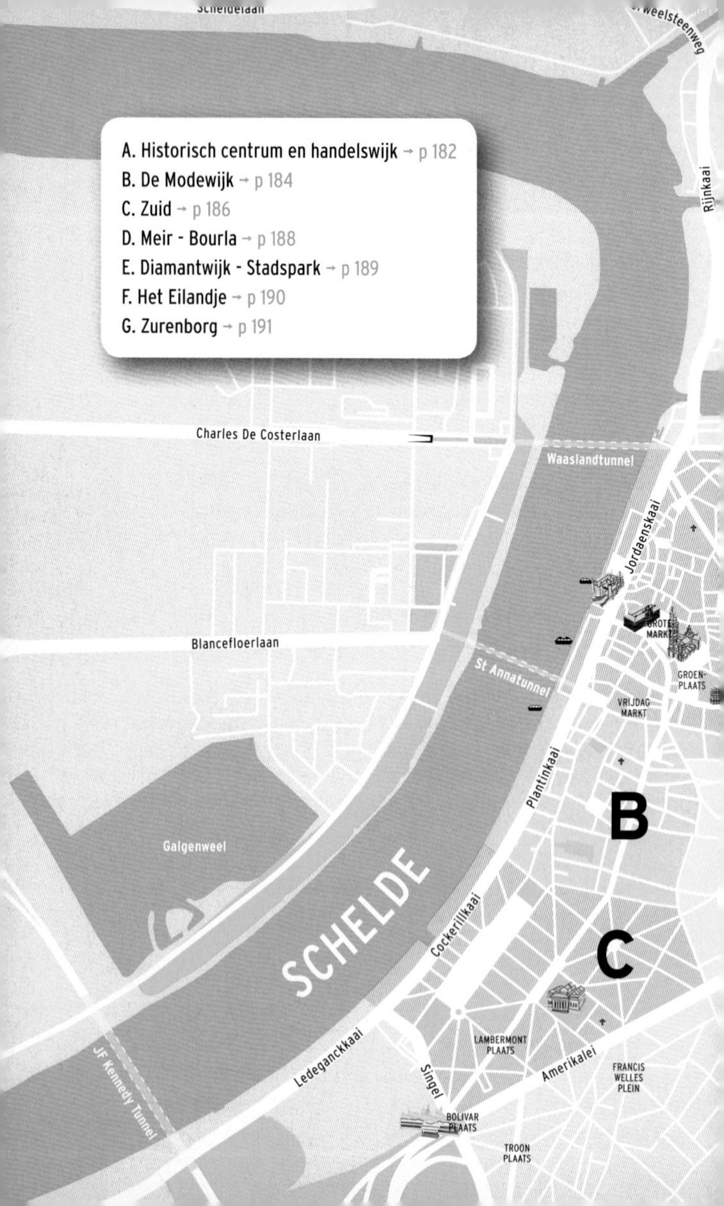
A. Historisch centrum en handelswijk → p 182
B. De Modewijk → p 184
C. Zuid → p 186
D. Meir - Bourla → p 188
E. Diamantwijk - Stadspark → p 189
F. Het Eilandje → p 190
G. Zurenborg → p 191
Rijnkaai
Charles De Costerlaan
Waaslandtunnel
Jordaenskaai
GROTE MARKT
Blancefloerlaan
St Annatunnel
GROEN-PLAATS
VRIJDAG MARKT
Plantinkaai
B
Galgenweel
SCHELDE
Cockerillkaai
C
LAMBERMONT PLAATS
Amerikalei
FRANCIS WELLES PLEIN
Ledeganckkaai
Singel
JF Kennedy Tunnel
BOLIVAR PLAATS
TROON PLAATS

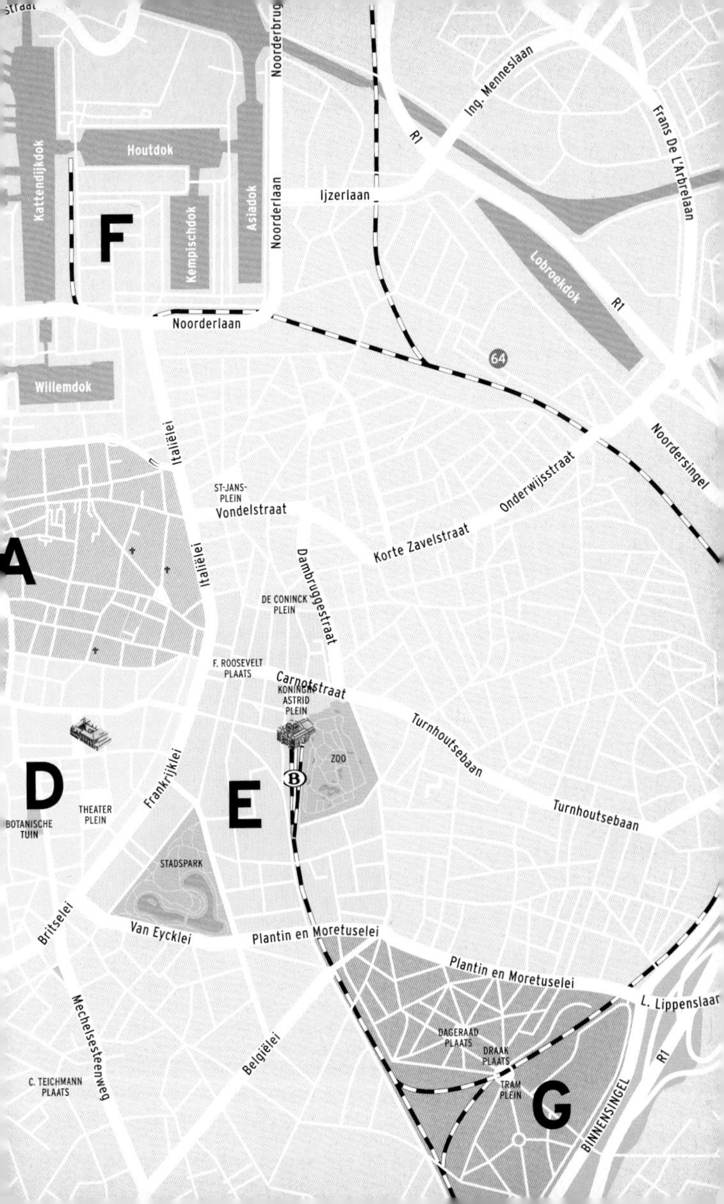

Houtdok
Kattendijkdok
Kempischdok
Asiadok
Noorderbrug
Noorderlaan
Ijzerlaan
Ing. Menneslaan
R1
Frans De L'Arbrelaan
Lobroekdok
F
Willemdok
64
Italiëlei
Noordersingel
Onderwijsstraat
ST-JANS-
PLEIN
Vondelstraat
Korte Zavelstraat
A
Dambruggestraat
DE CONINCK
PLEIN
F. ROOSEVELT
PLAATS
Carnotstraat
KONINGIN
ASTRID
PLEIN
Turnhoutsebaan
ZOO
D
E
Frankrijklei
THEATER
PLEIN
BOTANISCHE
TUIN
STADSPARK
Britselei
Van Eycklei
Plantin en Moretuselei
L. Lippenslaan
Mechelsesteenweg
DAGERAAD
PLAATS
DRAAK
PLAATS
TRAM
PLEIN
Belgiëlei
C. TEICHMANN
PLAATS
G
BINNENSINGEL

Kalender

FR ÉVÉNEMENTS ANNUELS
EN ANNUAL EVENTS

LAMBERMONTMARTRE

LAMBERMONTPLAATS › 31/5, 28/6, 26/7, 30/8, 27/9 2009, 12.00 - 17.00
WWW.LAMBERMONTMARTRE.BE

NL Jaarlijkse kunstbeurs in openlucht waar schilders in een Parijse sfeer hun kunstwerken aan het publiek tonen. De livemuziek en sfeer rondom het plein maken het plaatje compleet. FR Salon d'art annuel en plein air où les peintres peuvent présenter leurs œuvres au public dans une atmosphère parisienne. La musique live et l'ambiance particulière tout autour de la place viennent compléter l'ensemble. EN Annual open-air art fair where painters exhibit their art to the public in a Parisian atmosphere. The live music and atmosphere surrounding the square complete the picture.

EINDEJAARSSHOW MODEACADEMIE ANTWERPEN

HANGAR 29 - RIJNKAAI 150 - 2000 ANTWERPEN › 11/6 - 13/6 2009
WWW.ANTWERP-FASHION.BE

NL Een hoogtepunt in Antwerpen is de jaarlijkse modeshow van de Antwerpse Modeacademie, waar ongeveer 6000 modeliefhebbers naartoe komen. Niet alleen gewone toeschouwers die houden van de unieke sfeer van dit grote défilé, maar ook journalisten en professionals van over de hele wereld op zoek naar the next big thing - onder andere uit Frankrijk, Engeland, Italië, Duitsland, Nederland, de Verenigde Staten, Japan en Australië - komen de collecties van studenten beoordelen en bewonderen. FR Un grand moment pour le monde de la mode anversois est sans conteste le défilé de mode annuel de « l'Académie de mode » (Académie royale des Beaux-Arts), qui attire quelque 6000 visiteurs chaque année. Les spectateurs ne sont pas les seuls à goûter à l'atmosphère unique de ce grand défilé : journalistes et professionnels à la recherche de « the next big thing » au niveau mondial - entre autres, de France, d'Angleterre, d'Italie, d'Allemagne, des Pays-Bas, des États-Unis, du Japon et d'Australie - viennent apprécier et admirer les collections des étudiants. EN A high point in Antwerp is the annual fashion show of the 'Mode Academie', which attracts approximately 6,000 fashionistas. Not just ordinary spectators who like the unique atmosphere of this fashion show, but also journalists and professionals from all over the world (France, the UK, Italy, Germany, the Netherlands, the United States, Japan and Australia) looking for the next big thing come to evaluate and admire the collections of the students.

DE ZOMER VAN ANTWERPEN ↗ WWW.ZVA.BE

↗ JULI & AUGUSTUS / JUILLET & AOÛT / JULY & AUGUST

NL Dit kleurrijk en afwisselend stadsfestival duikt op de meest onverwachte plekken op en is voelbaar in de hele stad. Dit jaar steelt 'De Vierkante Molen' (van de makers van "De Reus en De Olifant" de show. Het centrale festivalhart is de Zomerbar in 't groen waar je kan relaxen met vrienden, op diverse pleintjes pik je gratis concertjes mee of circusworkshops voor de kinderen. In de stad staan maar liefst vier circussen, waaronder een gratis trapezecircus onder de sterrenhemel. Theaterliefhebbers ontdekken goed bewaarde, verborgen plekjes en filmfreaks kunnen zich vier weken lang nestelen in het zandkasteel bij de Schelde voor een reeks opmerkelijke openluchtfilms. 's Avonds kan men het mooiste schouwspel bewonderen met vrienden: de Zonsondergang. Er staat een grote barbecue klaar. Je hoeft enkel houtskool mee te brengen. FR Ce festival d'été très varié et coloré dont les échos retentissent dans toute la ville s'invite dans les lieux les plus insolites. Cette année, la vedette c'est le projet « De Vierkante Molen » (Le moulin carré) -des mêmes créateurs que « Le Géant » et « L'Éléphant ». Le cœur du festival est le Zomerbar in 't groen, où vous pouvez vous détendre avec des amis, écouter de petits concerts gratuits sur différentes placettes ou encore trouver des ateliers de cirque pour les enfants. Pas moins de quatre cirques se produisent çà et là dans la ville, dont un cirque de trapézistes gratuit que vous pouvez apprécier à la belle étoile. Les amateurs de théâtre découvrent des lieux insolites au secret bien gardé et les cinéphiles peuvent établir leurs quartiers durant quatre semaines dans le château de sable en bordure de l'Escaut pour y apprécier une série de films remarquables diffusés en plein air. Le soir, il vous est possible d'admirer entre amis le plus beau des spectacles : le coucher de soleil. Un grand barbecue est dressé. Il vous suffit simplement d'apporter le charbon de bois. EN This colourful and diverse city festival pops up in the most unexpected places and grips the entire city. This year 'De Vierkante Molen' (the square mill), by the same makers of

"De Reus en De Olifant" (The Giant and the Elephant", steals the show. The festival heart is the Green Summer bar where you can relax with friends, and on Antwerp's many squares you can go to free concerts or circus workshops for children. There are no less than four circuses in the city, including a free trapeze circus under the starry sky. Theatre lovers will discover well-preserved, hidden locations and film freaks can make themselves comfortable over the course of four weeks in the sandcastle at the Scheldt for a series of remarkable open-air movies. In the evening you can marvel at the greatest spectacle of all with friends: the Sunset. A big barbecue awaits, just bring charcoal.

MUSEUMNACHT

↗ VERSCHILLENDE LOCATIES ↗ WWW.MUSEUMNACHT.BE ↗ 8/8 2009

NL Op deze bijzondere avond kan men, behalve een nachtelijk bezoek aan 15 Antwerpse musea, ook genieten van optredens, rondleidingen, verhalen, DJ's, concerten en films. Vorig jaar waren er maar liefst 20.000 bezoekers. FR Outre la visite nocturne de 15 musées anversois, des représentations, visites guidées, lectures, DJ's, concerts et films vous sont également accessibles lors de cette soirée particulière. Cet événement a attiré environ 20 000 visiteurs l'année dernière. EN On this special evening, in addition to a nocturnal visit to 15 Antwerp museums, you can also enjoy performances, tours, stories, DJs, concerts and movies. Last year Antwerp welcomed as many as 20,000 visitors.

JAZZ MIDDELHEIM

↗ PARK DEN BRANDT ↗ 13/8 - 16/8 2009

NL Het gezelligste jazzfestival van het land, waar u laidback en à-la-carte kan genieten van jazzvirtuozen. Natuurlijk is traditioneel Toots Thielemans is een graag geziene gast. Ook bij de Snorrenclub Antwerpen vzw, die hem in 1988 tot hun 'Snor van het jaar' verkozen. FR Le festival de jazz le plus convivial du pays, où vous pouvez écouter de grands jazzmen en toute décontraction et « à la carte ». Le très célèbre Toots Thielemans est bien sûr un invité très apprécié, notamment par l'asbl Snorrenclub Antwerpen, qui l'avait d'ailleurs élu la « Snor van het jaar » (Moustache de l'année) en 1988. EN Belgium's friendliest jazz festival where you can enjoy jazz greats in laidback and à la carte fashion. Traditionally, Toots Thielemans is a very welcome guest of course. Also at the Snorrenclub Antwerpen vzw, who named him 'Moustache of the year' in 1988.

RUBENSMARKT

↗ RUBENSMARKT ↗ 15/8 2009

NL Meer dan 200 kramen in Middeleeuwse stijl met spijzen, drank, waren en antiek katapulteren u terug in de tijd van Rubens. Gezien het Maria Hemelvaart is en alle winkels gesloten zijn op deze dag kan het hier dan ook aardig druk worden. FR Plus de 200 échoppes médiévales avec mets, boissons, marchandises et objets antiques vous catapulteront au cœur de l'époque de Rubens. Comme tous les commerces sont fermés le jour de l'Assomption, cet événement connaît naturellement un franc succès. EN Rubens market - 15/8/09 - More than 200 stalls in Medieval style with food, beverage, wares and antiques transport you to the time of Rubens. As this is Ascension day and all shops are closed on this day it can get very busy.

BOEKENBEURS ↗ WWW.BOEKENBEURS.BE ↗ 31/10 - 11/11 2009

NL De jaarlijkse hoogmis van het boek vindt plaats op de Antwerpse Boekenbeurs, waar tientallen uitgeverijen en auteurs hun boeken komen voorstellen. Er zijn lezingen, gesprekken met auteurs, workshops en signeersessies, voor zowel de gewone lezers als de specialisten. FR La grand-messe annuelle du livre a lieu lors de la Bourse aux Livres d'Anvers, au cours de laquelle des dizaines d'éditeurs et d'auteurs viennent présenter leurs ouvrages. Lectures, entretiens avec des auteurs, ateliers et séances de dédicaces, aussi bien pour les simples lecteurs que pour les spécialistes. EN The annual high mass of the book takes place at the Antwerp Book fair, where dozens of publishing companies and authors present their books. There will be lectures, interviews with authors, workshops and signing sessions, for both readers and specialists.

WINTERFESTIVITEITEN

↗ GROTE MARKT & GROENPLAATS ↗ DECEMBER / DECEMBRE / DECEMBER

NL Rondjes draaien op de ijspiste, glühwein slurpen of Kerstprullaria scoren doet u in Antwerpen tegen een prachtig decor en rond een gigantische kerstboom... FR Vous pourrez y faire quelques tours de patinoire, boire un bon vin chaud ou acheter divers articles de Noël dans un cadre enchanteur, autour d'un gigantesque sapin de Noël. EN Skating on the ice rink, sipping glühwein or buying Christmas trinkets, you can do it all in Antwerp against the backdrop of a gigantic Christmas tree.

VOGELENMARKT

↗ THEATERPLEIN, OUDE VAARTPLAATS, ARSENAALPLEIN, GRAANMARKT, BLAUWTORENPLEIN, TABAKVEST ↗ ZONDAG / DIMANCHE / SUNDAY 08.00 - 13.00

NL Bij onze noorderburen beter bekend als de 'Vogeltjesmarkt'. Vogels en ander pluimvee maken nog slechts een klein deel uit van het aanbod, voor het overige vindt u hier het klassieke marktaanbod. Door het verbod op de verkoop van andere huisdieren zoals poesjes en honden zijn creatieve handelaren uitgeweken naar winkels op de Oude Vaartplaats die toevallig ook tijdens de Vogelenmarkt geopend zijn. De Vogelenmarkt is door de sfeer van de omringende terrasjes, zijn bekende reputatie en de drukke zondagochtend echter nog steeds een succes. FR Chez nos voisins du nord, cet événement est mieux connu sous le nom de « Vogeltjesmarkt ». Les oiseaux et autres volatiles ne constituent plus aujourd'hui qu'une petite partie de ce marché, car on y vend en effet littéralement de tout. En raison de l'interdiction de la vente d'autres animaux domestiques comme les chats et les chiens, les marchands créatifs se sont rabattus sur des boutiques de la Oude Vaartplaats. Celles-ci sont par ailleurs fortuitement ouvertes lors du marché aux oiseaux... L'atmosphère agréable des terrasses environnantes, sa réputation célèbre et l'affluence des badauds le dimanche matin font du marché aux oiseaux un événement qui est encore très prisé. EN Better known to our Dutch neighbours as the 'Vogeltjesmarkt'. Birds and other poultry are just a small part of the offer nowadays, for the rest you will find classic market stalls here. Following the ban on selling pets such as kittens and puppies creative traders moved to the shops on the Oude Vaartplaats which as it so happens are also open during the Vogelenmarkt. However, the atmosphere of the surrounding pubs, its reputation and the busy Sunday morning guarantee the Vogelenmarkt's continuing success.

Musea

FR LES MUSEES EN MUSEUMS

MOMU ↗ NATIONALESTRAAT 28 ↗ 03 470 27 70 ↗ WWW.MOMU.BE

NL De modetempel van de modestad toont de geschiedenis van de mode en biedt jaarlijks twee grote thematentoonstellingen en vier kleinere tentoonstellingen die inspelen op de actualiteit. Er zijn ook workshops, lezingen, rondleidingen en debatten. De collectie van de MoMu-bibliotheek bestaat uit ruim 15.000 boeken, catalogi, tijdschriften en documentatiemappen over mode, modeontwerpers, kleding, etnische kostuums, handwerk, textielkunst, enz. FR Ville de la mode par excellence, Anvers s'est dotée d'un véritable « temple » qui en retrace l'histoire et propose, chaque année, deux grandes expositions thématiques et quatre plus petites se référant à l'actualité. Des ateliers, lectures, visites guidées et débats y sont également organisés. La collection de la bibliothèque du MoMu comprend plus de 15 000 ouvrages, catalogues, revues et dossiers de documentation sur la mode, les créateurs de mode, les vêtements, les costumes ethniques, l'artisanat, l'art du textile, etc. EN The fashion temple of Antwerp Fashion city shows the history of fashion, organises two big theme exhibitions every year as well as four smaller topical exhibitions. There are workshops, lectures, tours and debates. The collection of the MoMu library comprises more than 15,000 books, catalogues, magazines and documentation folders about fashion, fashion designers, clothing, ethnic dress, needlework, textile art, etc.

MUHKA ↗ WAALSEKAAI 47 ↗ 03 260 99 99 ↗ WWW.MUHKA.BE

NL Eind maart sluit het Museum van Hedendaagse Kunst Antwerpen haar deuren voor een grondige renovatie die zal duren tot 10 september. FR Le musée d'Art contemporain d'Anvers fermera ses portes fin mars pour cause de travaux de rénovation qui se poursuivront jusqu'au 10 septembre. EN At the end of March the Museum van Hedendaagse Kunst Antwerpen (Museum of Contemporary art Antwerp) closed its doors for a thorough renovation which will take until 10 September.

FOTOMUSEUM ↗ WAALSEKAAI 47 ↗ 03 242 93 00 ↗ WWW.FOTOMUSEUM.BE

NL Het fotomuseum, een van de belangrijkste collecties in Europa, verwelkomt u met wisselende tentoonstellingen van binnen- en buitenlandse topfotografen. FR Le musée de la Photographie rassemblant une des plus prestigieuses collections d'Europe vous propose des expositions temporaires de grands noms de la photographie, belges ou étrangers. EN The Photography museum, one of Europe's most important collections, welcomes you with changing exhibitions of Belgian and foreign top photographers.

MOMU

KMSKA KONINKLIJK MUSEUM VOOR SCHONE KUNSTEN ANTWERPEN

LEOPOLD DE WAELPLAATS ↗ 03 238 78 09 ↗ WWW.KMSKA.BE

NL Het statige Koninklijk Museum voor Schone Kunsten op het Antwerpse Zuid is ondergebracht in een prachtige kunsttempel uit de 19de eeuw. Het museum herbergt meer dan zevenduizend kunstwerken van Zuid-Nederlandse, Belgische en buitenlandse meesters. En hoe imponerend de grote trappen ook zijn, de drempel is laag. Want hier kan u voor een bescheiden inkomprijs uren genieten van een kunstcollectie met wereldfaam. Enkele van de bekendste namen zijn Jan van Eyck, Hans Memling, Peter Paul Rubens, Antoon Van Dyck, Jacob Jordaens en Quinten Metsijs - de vader van de Antwerpse schilderschool. Ook negentiende-eeuwse salonkunstenaars en de modernisten James Ensor en Rik Wouters zijn er vertegenwoordigd. Nagenieten kan in het sfeervolle museumcafé. FR L'imposant musée royal des Beaux-Arts, situé dans le quartier het Zuid, est installé dans un édifice grandiose datant du 19e siècle. Le musée abrite plus de sept mille œuvres d'art de maîtres flamands, belges et étrangers. Si les grands escaliers en imposent, le pas de porte est quant à lui assez bas : en effet, pour un tarif très démocratique, vous avez la possibilité d'admirer des heures entières une collection d'art de renommée internationale. Parmi les noms les plus célèbres, citons Jan van Eyck, Hans Memling, Pierre Paul Rubens, Antoon Van Dyck, Jacob Jordaens et Quinten Metsijs - le fondateur de l'école anversoise. Les artistes de salon du dix-neuvième siècle et les modernistes James Ensor et Rik Wouters sont également mis à l'honneur. Vous pourrez prolonger votre plaisir dans la très agréable cafétéria du musée. EN The stately 'Koninklijk Museum voor Schone Kunsten' (Royal Museum of Fine Arts) at Antwerpen Zuid is housed in a beautiful 19th century art temple. The museum has more than seven thousand pieces by South Dutch, Belgian and foreign masters. And no matter how impressive the grand staircase may be, the threshold is low. Because for a modest entrance fee you can marvel at an art collection with worldwide renown for hours on end. Some of the best known names are Jan Van Eyck, Hans Memling, Peter Paul Rubens, Antoon Van Dyck, Jacob Jordaens and Quinten Metsijs - father of the Antwerp school of painting. You will also find nineteenth century Salon artists and modernists James Ensor and Rik Wouters here. The warm and friendly museum café is a nice place to rest tired feet.

DIAMANTMUSEUM

KONINGIN ASTRIDPLEIN 19-23 ↗ 03 202 48 90 ↗ WWW.DIAMANTMUSEUM.BE

NL Acht op tien diamanten die wereldwijd worden verhandeld, passeren minstens één keer door Antwerpen. Volgens Shirley Bassey is 's werelds meest gegeerde kleinood voor eeuwig, en daar zong ze niet naast. Hier vindt men historische diamantjuwelen, zoals replica's van 's werelds grootste diamanten: de Koninginnekroon met de Koh-I-Noor en de Koninklijke Scepter met de Cullinan I (ook 'Grote Ster van Afrika' genoemd) en eigentijdse diamantjuwelen waaronder een tweede versie van de diamanten A-broche die aan ex-president Clinton is geschonken in 2003 en het beruchte ECC-tennisracket, de hoofdprijs van de sinds dit jaar verdwenen Proximus Diamond Games. Wie drie keer in vijf jaar het toernooi won, mocht het met diamanten ingelegde racket meenemen naar huis. Het lukte enkel Amélie Mauresmo. Venus Williams strandde op twee zeges en barstte in tranen uit. FR Huit diamants sur dix qui sont commercialisés dans le monde passent au moins une

KMSKA

fois par Anvers. D'après Shirley Bassey, le diamant était à jamais le joyau le plus convoité au monde et l'avenir ne lui a pas donné tort. Le musée expose des bijoux de diamants historiques, comme la réplique des plus grands diamants du monde : la couronne de la Reine avec le Koh-I-Noor et le Sceptre impérial britannique avec le Cullinan I (également appelé « Grande étoile d'Afrique »), mais aussi des bijoux de diamants contemporains dont une deuxième version de la broche « A » qui a été offerte à l'ancien président Clinton en 2003 et la fameuse raquette de tennis ECC, qui récompense la gagnante des Proximus Diamond Games (tournoi supprimé depuis cette année). La joueuse qui remportait trois fois le tournoi en cinq éditions consécutives au maximum, pouvait repartir chez elle avec la raquette de tennis sertie de diamants. Amélie Mauresmo est la seule à avoir rempli le contrat. Venus Williams échoua après deux victoires et fondit en larmes. EN Eight out of ten diamonds traded worldwide pass through Antwerp at least once. According to Shirley Bassey the world's most coveted stones are forever, and don't we know it. The museum displays historic diamond jewellery, such as replicas of the world's biggest diamonds: the royal crown with the Koh-I-Noor, the Royal Sceptre with the Cullinan I (also referred to as the 'Great Star of Africa') and contemporary diamond jewellery including a replica of the diamond A-brooch given to ex-president Clinton in 2003 and the famous ECC tennis racket, first prize of the former Proximus Diamond Games. Anyone who won the tournament three times in five years could take the diamond inlaid racket home. Only Amélie Mauresmo managed it. Venus Williams was only victorious twice and burst into tears on her failure to win it a third time.

MIDDELHEIM MUSEUM ↗ WWW.MIDDELHEIMMUSEUM.BE

OPENLUCHTMUSEUM VOOR BEELDHOUWKUNST IN DE ANTWERPSE STADSRAND

MIDDELHEIMLAAN 61, 2020 ANTWERPEN ↗ 03 827 13 50

NL Dit museum ontstond in 1950, bezit een schitterende collectie en biedt een overzicht van de moderne westerse beeldhouwkunst, met beeldhouwers als Auguste Rodin, Emile-Antoine Bourdelle, Aristide Maillol, Pablo Gargallo, Ossip Zadkine, Giacomo Manzu (Middelheim-hoog). Sinds 1993 is aan het museum een hedendaags luik toegevoegd met namen als Carl Andre, Tony Cragg, Luciano Fabro, Per Kirkeby, Matt Mullican, Juan Muñoz, Panamarenko en Franz West (Middelheim-laag). In 2000 werd het park uitgebreid met nieuwe terreinen op Middelheim-hoog. Dat maakt het mogelijk om meer tijdelijke tentoonstellingen te organiseren en de collectie te herschikken. FR Le Musée Middelheim a été créé en 1950 et abrite une impressionnante collection. Il expose une sélection de sculptures occidentales modernes, de Rodin jusqu'à aujourd'hui. Il s'agit d'un musée en plein air qui offre l'opportunité à des artistes de créer des œuvres monumentales. Le musée s'est agrandi de façon remarquable au fil des ans ; le parc peut désormais accueillir 300 œuvres sur toute sa superficie. En outre, le musée organise une exposition au moins une fois par an et permet au visiteur de participer à des visites guidées ainsi qu'à des ateliers. EN The Middelheim museum was founded in 1950 and possesses an impressive collection. It offers a selective overview of modern Western sculpture, from Rodin to the present. It is an open-air museum which gives artists an opportunity to create monumental pieces. The museum has expanded considerably over the years and currently the park has about 300 statues. The museum also organises at least one exposition a year and visitors can take part in tours and workshops.

MAS MUSEUM AAN DE STROOM
FALCONRUI 53 ↗ 03 206 09 40 ↗ WWW.MAS.BE

NL Het MAS opent zijn deuren in 2010, pal in de oude haven op het bruisende Eilandje. Met zijn zestig meter hoge toren is het museum ook een nieuw oriëntatiepunt in de stad. Het MAS is ook de enige toren in Antwerpen die (gratis) tot op de top toegankelijk is, zelfs na de openingsuren van de museumzalen. Vijf spiraalvormige verdiepingen bieden onderdak aan wisselende tentoonstellingen. Op de bovenste verdieping bevinden zich de feestzaal en het restaurant en terras met zicht op de Schelde. Voor de MAS-toren strekt zich een groot en gezellig museumplein uit. Het MAS en zijn enorme collecties vertellen het verhaal van de stad, de stroom, de haven en de wereld. FR Le MAS ouvrira ses portes en 2010, au beau milieu de l'ancien port, dans le quartier bouillonnant de l'Eilandje (la Petite Île). Avec sa tour haute de soixante mètres, le musée est aussi un nouveau point d'orientation au sein de la ville. Le MAS est également la seule tour d'Anvers accessible (gratuitement) jusqu'au sommet, même après les heures d'ouverture des salles du musée ! Cinq étages en forme de spirale accueillent des expositions temporaires. Au dernier étage se trouvent la salle des fêtes, le restaurant et la terrasse donnant vue sur l'Escaut. Devant la tour MAS, s'étend une très grande et belle esplanade. Le MAS et ses collections abondantes retracent l'histoire de la ville, du fleuve, du port et du monde. EN The MAS will open its doors in 2010, right next to the old port on the vibrant Eilandje. With its sixty metre high tower the museum is also a new landmark in the city. The MAS is also the only tower in Antwerp to be accessible (for free) right to the top, even after the museum's opening hours! Five spiral shaped floors will house changing exhibitions. The reception hall, restaurant and terrace with a view over the river Scheldt will be on the top floor. At the foot of the MAS tower will be a big and inviting museum square. The MAS and its huge collections tell the story of the city, the river, the port and the world.

RUBENSHUIS

WAPPER 9-11 ↗ 03 201 15 55 ↗ WWW.RUBENSHUIS.BE

NL Na zijn huwelijk met Isabella Brandt in 1611 kocht Rubens dit huis en liet het tot een schitterend palazzo verbouwen, opgericht naar eigen plannen in de trant van de Italiaanse renaissancepaleizen. Het werd een woning en atelier met een monumentaal portiek op de binnenplaats en een tuinpaviljoen in een prachtige barokstijl. Naast het woonhuis ligt het schildershuis op de benedenverdieping. In het groot atelier werden meestal met de hulp van leerlingen grote panelen en doeken geschilderd. De schilderijen werden meestal op bestelling gemaakt volgens contractuele afspraken. In totaal werden er een 25 000-tal creaties in Rubens atelier vervaardigd. Zijn prijzen lagen zeer hoog, kopers waren welgestelde burgers en buitenlandse vorsten. Rubens hield van zijn huis en tuin en bracht er het grootste deel van zijn leven door. In de zalen en vertrekken vindt u er een tiental werken. In het grootatelier bevindt zich o.m een van zijn vroegste werken: Adam en Eva in het paradijs. In de eetkamer hangt zijn wereldberoemde zelfportret, geschilderd toen hij ongeveer vijftig was.
FR Après son mariage avec Isabelle Brandt en 1611, Rubens a acquis cette maison qu'il a fait aménager et transformer selon ses propres plans en un magnifique palazzo, dans la pure tradition des palais italiens de la Renaissance. Il en fait sa demeure et son atelier. Un magnifique portique baroque a été ajouté entre la cour intérieure et le jardin renaissance. À côté de sa demeure, l'atelier de ses élèves est aménagé au sous-sol. C'est dans le grand atelier qu'ont été principalement peints de grands retables et tableaux, avec l'aide de ses élèves. Les tableaux étaient le plus souvent commandés selon des accords contractuels. Au total, environ 25 000 créations ont été réalisées dans l'atelier de Rubens. Ses prix étant très élevés, il comptait parmi ses acheteurs des bourgeois aisés et des princes étrangers. Rubens aimait particulièrement sa maison et son jardin, il y a d'ailleurs passé la plus grande partie de son existence. Dans les salles et les chambres, vous pourrez admirer une dizaine d'œuvres. Le grand atelier abrite, entre autres, l'une de ses toutes premières œuvres : Adam et

Ève. Dans la salle à manger est exposé son autoportrait mondialement connu, peint lorsqu'il avait environ cinquante ans. EN After his marriage to Isabella Brandt in 1611, Rubens bought this house and had it converted into an amazing palazzo of his own design after the style of Italian renaissance palaces. It has living quarters and a studio with a monumental porch on the courtyard as well as a garden pavilion in beautiful baroque style. Next to the living quarters you find the painter's house on the ground floor. In the big studio, large panels and canvasses were painted, mostly with the aid of students. The paintings were usually commissioned in accordance with contractual agreements. In all, about 25,000 creations were produced in Rubens' studio. His prices were very high, the buyers were wealthy citizens and foreign royalty. Rubens loved his house and garden and spent most of his life there. There are another ten or so of his pieces dotted around the rooms of the house. The big studio has one of his earliest pieces, ['Adam and Eva in paradise'. The dining room has his world famous self-portrait, painted when he was about fifty.

DESINGEL

DESGUINLEI 25, 2018 ANTWERPEN ↗ 03 248 28 28 ↗ WWW.DESINGEL.BE

NL deSingel is een internationale kunstcampus die dans, muziek, theater en architectuur brengt. Het gebouw heeft een tijdloze uitstraling en werd ontworpen door Léon Stynen. Men noemt deSingel ook wel eens zijn testament, omdat het de meest complete samenvatting is van zijn oeuvre. FR Le centre artistique international deSingel accueille danse, musique, théâtre et architecture. Le bâtiment doté d'une esthétique contemporaine a été conçu par Léon Stynen. On appelle également deSingel son « testament », parce qu'il constitue l'aboutissement ultime de son œuvre. EN deSingel is an international art campus with dance, music, theatre and architecture. The building is timeless and was designed by Léon Stynen. deSingel is sometimes called his 'testament' because it sums up his oeuvre.

Historisch centrum & handelswijk

FR CENTRE HISTORIQUE & QUARTIER DU COMMERCE
EN OLD CITY AND MERCHANT DISTRICT

NL Het centrum van Antwerpen heeft een wirwar van aantrekkelijke pleintjes en gezellige straatjes. Een mooi uitzicht bekomt u door de OLV-kathedraal te beklimmen of vanaf Linkeroever (bereikbaar via de Sint-Anna voetgangerstunnel). De Scheldekaaien vormen de verbinding tussen het heropgewaardeerde Eilandje en het trendy en artistieke Zuid. Langs de kaaien staat er heel wat hedendaagse architectuur, vaak met een knipoog naar het maritieme leven. De wandelterrassen bieden een uitgestrekt vergezicht over de Schelde en de majestueuze cruiseschepen die er aanmeren. Bij valavond veranderen de kleuren op de Schelde: de seinlichten op het water, de verlichting van de schepen en de haveninstallaties zorgen voor een verrassend feeëriek spektakel. In deze wijk vindt men ontelbare cafés, bars, restaurantjes, terrasjes en theaters. De Grote Markt is een toeristische trekpleister bij uitstek. FR Le centre d'Anvers offre un grand nombre de placettes attrayantes et de très jolies petites rues. Vous pourrez apprécier un splendide panorama depuis le sommet de la cathédrale Notre-Dame ou la Rive gauche (accessible via le tunnel piéton Sainte-Anne). Les quais de l'Escaut relient le quartier très prisé de l'Eilandje à celui du Zuid, branché et artistique. Une abondante architecture contemporaine défile le long des quais, avec souvent un petit clin d'œil à la vie maritime. Les terrasses de promenade offrent une superbe vue sur l'Escaut et les majestueux bateaux de croisière qui y sont amarrés. Au crépuscule, l'Escaut s'habille d'autres couleurs : les fanaux sur l'eau, l'éclairage des bateaux et les installations du port constituent un étonnant spectacle féerique. On trouve dans ce quartier une multitude de cafés, bars, petits restaurants, terrasses et théâtres. La Grote Markt (Grand-Place) est un pôle d'attraction touristique par excellence. EN The centre of Antwerp is a maze of inviting squares and friendly-looking narrow streets. You get a great view by climbing the cathedral or going to the Left bank (available via the Sint-Anna pedestrian tunnel). The quays of the Scheldt connect the revamped Eilandje and the trendy and artistic Zuid. Along the quays you find modern architecture, often with a wink to the maritime past. The raised walkways offer an extensive view over the Scheldt and the majestic cruise ships that moor here. At dusk the colours on the Scheldt change: the signal lights on the water, the lighting of the boats and the port create a surprisingly magical spectacle. This area has countless cafés, pubs, restaurants, outdoor cafés and theatres. The Grote Markt is the tourist place to be.

HENDRIK CONSIENCEPLEIN MET CAROLUS BORROMEUSKERK

NL Een oase van rust is het Hendrik Conscienceplein. Hier sluit de stad u in haar beschermende armen. De triomfantelijke barokfaçade van de Sint-Carolus Borromeuskerk vormt er een harmonisch geheel met de statige classicistische gevels van de Stadsbibliotheek, bewaakt door de 19de-eeuwse Vlaamse auteur naar wie het plein genoemd is. Boven het altaar hangt een schilderij, maar niet altijd hetzelfde. Dankzij een oorspronkelijk, nog steeds functionerend mechanisme kunnen de schilderijen immers worden verwisseld. Een indrukwekkend schouwspel. FR La place Hendrik Conscience est une véritable oasis de paix, où la ville vous enveloppe de ses bras protecteurs. La triomphante façade baroque de l'église Saint-Charles Borromée et les superbes façades classiques de la Bibliothèque municipale forment un ensemble harmonieux autour de la statue de Hendrik Conscience, l'écrivain flamand du 19e siècle qui a donné son nom à cette jolie petite place. Le tableau suspendu au-dessus de l'autel n'est pas toujours le même. Un ingénieux mécanisme d'origine (qui fonctionne encore !) permet en effet de changer les tableaux. Un spectacle impressionnant. EN The Hendrik Conscienceplein is an oasis of tranquillity. On this square the city embraces you in its protective arms. The triumphant baroque façade of the St Carolus Borromeus church harmoniously complements the stately classicistic façades of the City library, guarded by the 19th century Flemish author after whom the square is named. There is a painting above the altar but it is not always the same one. The original mechanism, still in working order, allows the paintings to be switched. An impressive spectacle.

HET STEEN ↗ STEENPLEIN 1

NL Dit deel van een voormalige ringwalburg aan de oever van de Schelde maakte deel uit van de versterking langs de 'aanwerp' (waaraan de stad zijn naam dankt) en is het oudste gebouw van Antwerpen. Tot voor kort huisde hier het Nationaal Scheepvaartmuseum, doch dit is nu gesloten en de stad heeft plannen om het gebouw commercialiseren. Alles beter dan halfweg de twintigste eeuw: toen stemde de gemeenteraad zelfs voor een afbraak van het Steen, wat gelukkig met één stem werd verworpen. In een nis boven de grote ingangsboog staat een wijdbeens beeldje van Semini, de god van de vruchtbaarheid. Middeleeuwse Antwerpse jongedames kwamen hem hier een kindje afbedelen. Origineel had dit beeld ook een lange rechtopstaande penis. Tot de jezuïeten het welletjes vonden en zijn lid eraf hakten. FR Cette partie d'une ancienne forteresse circulaire en bordure de la rive de l'Escaut comptait parmi l'ensemble des fortifications érigées le long de l'avancée de terrain (« aanwerp », qui aurait donné son nom à la ville) et est le plus ancien bâtiment d'Anvers. Jusqu'à une date récente, cet édifice abritait le Musée national de la Marine. Celui-ci est à présent fermé et la ville projette de commercialiser le bâtiment. La situation se présente toutefois sous de meilleurs auspices qu'au milieu du vingtième siècle, où le conseil municipal lui-même avait voté la démolition du Steen, projet qui fut heureusement rejeté d'une seule voix. Dans une niche au-dessus de l'imposant porche, un relief représente l'effigie accroupie de Semini, dieu de la fécondité. Au Moyen Âge, les jeunes dames d'Anvers venaient implorer sa faveur pour avoir un enfant. À l'origine, cette effigie représentait Semini avec un long pénis, jusqu'au jour où les jésuites, indignés de cette trop flagrante virilité, décidèrent de l'émasculer. EN This part of a former 'ringwalburg' on the bank of the Scheldt is part of the battlement along the 'aanwerp' (to which the city thanks its name) and is Antwerp's oldest structure. Until recently the National Maritime museum was housed here but the museum has been closed now and the city has plans to commercialise the building. In the 1950s the local council even had plans to demolish Het Steen, fortunately the proposal was rejected by one vote. In a niche above the big archway is small straddle-legged statue of Semini, the god of fertility. Medieval Antwerp maidens came here to beg for a child. Originally this statue also had a long erect penis. Until the Jesuits thought enough was enough and chopped it off.

ONZE-LIEVE-VROUWEKATHEDRAAL

GROENPLAATS 21 ↗ 03 213 99 51 ↗ WWW.DEKATHEDRAAL.BE

NL De toren is elke woensdag van april tot september te bezoeken onder leiding van de officiële torenwachters. Er moet wel worden gereserveerd. FR La tour peut être visitée chaque mercredi, d'avril à septembre, sous la conduite des guetteurs officiels. Il faut toutefois réserver au préalable. EN The cathedral tower can be visited every Wednesday from April to September under the direction of the official tower guards. A reservation is necessary.

NL De fiere gotische vrouwe is met haar 123 meter de hoogste kerktoren van de Benelux. De financiering kwam van de stad, en ook nu nog valt ook de kerk onder het stadsbestuur en niet onder het kerkbestuur. Nadat de Beeldenstorm tijdens de Reformatie door de kathedraal raasde werd, behalve enkele fresco's, het volledige interieur vernield. De herinrichting gebeurd in barokstijl. De kathedraal bezit twee beroemde drieluiken van Rubens, De Kruisafneming en De Kruisoprichting, en twee andere schilderijen van dezelfde meester: De Hemelvaart van Maria en De Verrijzenis van Christus uit 1612.

Veel Japanners lopen deze laatste meesterwerken echter straal voorbij om oog in oog staan met De Kruisafneming. De reden? A Dog Of Flanders, een Engels sprookje uit de late 19de eeuw dat in Japan dusdanig populair is dat het tot de schoollectuur gaan behoren is. De tragische hoofdrolspeler is het straatarme jongetje Nello dat ervan droomt een even groot kunstschilder te worden als Pieter-Paul Rubens. Nadat zijn grootvader sterft trekt hij op kerstdag samen met zijn trouwe hond Patrasche door de sneeuw vanuit Hoboken naar de kathedraal in de hoop een glimp van Rubens' meesterwerken te zien. Ter plaatse sterft het jongetje van de honger en de kou - maar oog in oog met Rubens' Kruisafneming en een glimlach op zijn lippen. Niet De Leeuw van Vlaanderen of Het verdriet van België wegen in het buitenland het zwaarst op de beeldvorming rond Vlaanderen, maar wel dit sprookje met zijn 100 miljoen verkochte exemplaren: het beeld dat het sprookje van Vlaanderen en Antwerpen schetst is in het collectieve geheugen van miljoenen Japanners, Amerikanen en Britten gegrift. Rond Nello en Patrasche bestaat in Japan een cultus die je nog het best met iets semi-religieus kunt vergelijken. De hooggestemde waarden in het boek sluiten immers aan bij het vooroorlogse Japan. Voor de Japanse lezers zijn Nello en Patrasche een soort van samoerai of kamikazes. De gedachte aan die twee brengen Japanners aan het huilen.

FR Cette fière dame de style gothique possède le plus haut clocher du Benelux (123 mètres). Le financement de l'édifice était autrefois supporté par la ville, et aujourd'hui encore, l'église est placée sous la tutelle de l'administration municipale et non de l'administration fabricienne. Après les dévastations iconoclastes dans la cathédrale durant la Réforme, pratiquement tout l'intérieur fut détruit, à l'exception de quelques fresques. La restauration se fit dans le style baroque. La cathédrale possède deux célèbres triptyques de Rubens, la Descente de Croix et l'Érection de la Croix, ainsi que deux autres tableaux du maître : l'Assomption de la Vierge et la Résurrection du Christ (1612).

De nombreux Japonais passent toutefois négligemment devant ces dernières œuvres pour aller contempler le triptyque de la Descente de Croix. La raison ? A Dog Of Flanders, un conte anglais datant de la fin du 19e siècle, devenu si populaire au Japon qu'il compte parmi les lectures scolaires. Le personnage principal de ce récit tragique est Nello, un jeune garçon pauvre, qui rêve de devenir un peintre d'aussi grande renommée que Pierre Paul Rubens. Après le décès de son grand-père, il brave la neige le jour de Noël avec Patrache, son fidèle compagnon à quatre pattes, pour se rendre de Hoboken à la cathédrale dans l'espoir d'entrevoir les œuvres magistrales de Rubens. Sur place, le jeune garçon meurt de faim et de froid - au pied de la Descente de Croix de Rubens, le sourire aux lèvres. À l'étranger, ni Le Lion des Flandres ou Le Chagrin des Belges n'évoquent autant la Flandre que ce petit conte vendu à 100 millions d'exemplaires : l'image de la Flandre et d'Anvers dépeinte par le conte est en effet scellée dans la mémoire collective de millions de Japonais, d'Américains et de Britanniques. Au Japon, le culte autour de Nello et de Patrache s'apparente véritablement à un culte semi-religieux. Les valeurs prônées par le livre cadraient, qui plus est, avec celles du Japon d'avant-guerre. Pour les lecteurs japonais, Nello et Patrache s'apparentent en quelque sorte à des samouraïs ou des kamikazes. L'évocation du destin de ces deux personnages émeut véritablement les Japonais jusqu'aux larmes.

EN The proud Gothic lady's 123 metre steeple is the highest of the Benelux. It was funded by the city, and today still, the church falls under city council rule and not church council. After the Iconoclastic raid during the Reformation, the entire interior of the cathedral, apart from a couple of frescos, was destroyed, and refurbished in baroque style. The cathedral has two famous triptychs by Rubens, Descent from the Cross and Elevation of the Cross, and two other paintings by the same master: The Ascension of Mary and the Resurrection of Christ from 1612.

Many Japanese people don't even look at these masterpieces and make a bee-line for the Descent from the Cross. Why? It's all because of 'A Dog Of Flanders', an English late 19th century fairy tale which is so popular in Japan it became compulsory school reading. The tragic protagonist is the penniless boy Nello who dreams of becoming a great painter like Pieter-Paul Rubens. When his grandfather dies on Christmas Day, he and his loyal dog Patrasche, trek through the snow from Hoboken to the cathedral in the hope of catching a glimpse of Rubens' masterpieces. The boy dies of starvation and cold, lying face-to-face with Rubens' Descent from the Cross but with a smile on his face. Not the Leeuw van Vlaanderen or Het verdriet van België weigh most on the image people in other countries have of Flanders, but this fairy tale with its 100 million sold copies: the image of the fairy tale describing Flanders and Antwerp has been etched in the collective memory of millions of Japanese, American and British people. The cult surrounding Nello and Patrasche in Japan is practically semi-religious. The values of this book are in keeping with pre-war Japan. For Japanese readers, Nello and Patrasche are like samurai or kamikazes and the thought of the two brings Japanese people to tears.

GROTE MARKT

NL Op dit plein met zijn vele gildenhuizen vindt men het stadhuis, de Brabofontein en de dienst voor toerisme. FR Cette place, entourée de nombreuses maisons de guildes, abrite l'hôtel de ville, la fontaine de Brabo et l'office du tourisme. EN On this grand place with its many guild houses you also find city hall, the fountain of Brabo and the tourist office.

VLAEYKENSGANG ↗ OUDE KOORNMARKT

NL Eén stap in de Vlaeykensgang en u bent in een andere tijd, een andere wereld. Zelfs de geluiden van de moderne stad dringen niet door tot deze wirwar van steegjes en gangetjes. Neem, zoals de kenners, die stilte te baat als de beiaard speelt. FR Il suffit de franchir le seuil du Vlaeykensgang pour changer d'époque, pour ne pas dire de monde. Même les bruits de la ville ne parviennent pas jusqu'à ce dédale de ruelles et de passages. Comme les connaisseurs, profitez de cette acoustique exceptionnelle pour venir écouter les concerts de carillon. EN One step into the Vlaeykensgang and you are in a different era, a different world. Not even the sounds of the modern city penetrate this maze of alleys and passages. Like all connoisseurs, take advantage of the silence when the carillon is playing.

ZUIDERTERRAS

ERNEST VAN DIJCKKAAI 37 ↗ 03 234 12 75 ↗ WWW.ZUIDERTERRAS.BE

NL Het oorspronkelijke Zuiderterras dateert van 1886 en was een vierkant gebouw in neoclassicistische stijl. In die tijd het spiegelbeeld van het tegenover liggende Noorderterras. Het Zuiderterras heeft steeds een horecafunctie gehad, maar door een brand in 1973 werd het gebouw volledig vernield. Begin jaren '90 gaven de huidige eigenaars opdracht tot de wederopbouw, een project van twee jaar onder leiding van Vlaams Bouwmeester bOb Van Reeth, die hiervoor genomineerd werd voor de Mies van der Rohe Award. Het Zuiderterras werd daarmee een pionierproject in Antwerpen, waarbij men zich opnieuw ging focussen op de waterkant en niet meer op de stadskern. De heropwaardering van de Scheldekaaien was gestart. FR La Zuiderterras originelle datant de 1886 était constituée d'un pavillon carré de style néoclassique. À cette époque, elle se voulait le reflet de la Noorderterras située en face. Si la Zuiderterras a toujours eu une fonction Horeca, le bâtiment fut toutefois entièrement détruit par un incendie en 1973. Au début des années 90, les actuels propriétaires ont fait procéder à la reconstruction de l'édifice, par le biais d'un projet s'étalant sur deux ans confié au Vlaams Bouwmeester (architecte maître d'œuvre flamand) Van Reeth, qui fut d'ailleurs nominé dans ce cadre pour le Mies van der Rohe Award. La Zuiderterras représentait un projet pionnier à Anvers puisqu'il s'agissait cette fois de remettre la rive à l'honneur et non plus le centre-ville. Il amorça en effet la revalorisation des quais de l'Escaut. EN The original Zuiderterras dates to 1886 and was a square building in neo-classicist style. At the time it was the mirror image of the Noorderterras opposite. The Zuiderterras has always had a catering function, but was completed gutted by fire in 1973. In the early nineties the current owners rebuilt it, a project that took two years under the direction of Vlaams Bouwmeester bOb Van Reeth, who was nominated for the Mies van der Rohe Award. The Zuiderterras became a pioneer project in Antwerp. The focus went to the waterfront again and no longer the city centre. The 'regentrification' of the quays is underway.

SINT-ANNATUNNEL ↗ PLEINTJE SINT-JANSVLIET

NL Ofwel de 'voetgangerstunnel' voor de sinjoren. Ze is 572 meter lang en verbindt Linkeroever met de stad, of het 'oudere' met het 'nieuwere' Antwerpen. Tot haar bouw in 1931 dienden de inwoners de oversteekklus met de overzetboot te klaren, maar eveneens in de jaren net na 1944, toen het Duitse leger na haar laatste bezoek de toegang tot de tunnel opblies. FR Il est également appelé le « tunnel piéton » (« voetgangerstunnel ») par les Sinjoren. Il s'étend sur une longueur de 572 mètres et relie la Rive gauche à la ville, soit la « vieille » Anvers à la « nouvelle ». Jusqu'à sa construction en 1931, les habitants devaient effectuer la traversée à bord d'un bateau. Ils durent également refaire de même durant quelques années, lorsque l'armée allemande fit exploser l'accès au tunnel en 1944 après son dernier passage. EN Or the 'voetgangerstunnel' (pedestrian tunnel) to the people of Antwerp. It is 572 metres in length and connects the Left bank with the city, or the 'old' with 'new(er)' Antwerp. Until its construction in 1931 residents needed to cross the river by ferry. This was also the case in the post-war years (after 1944) when the Germans had blown up the entrance to the tunnel.

SINT-MICHIELS
KAAI

VAN ROOSMALEN-HAUS

NL Dit gebouw (bOb van Reeth voor de ArchitectenWerkGroep) kwam tot stand op een ogenblik dat er veel discussie was over de verwaarloosde kaaien en de verhouding tussen de stad en de Schelde. Het was de bedoeling om de aandacht op die polemiek te vestigen. In 'aandacht trekken' is dit opvallende gebouw in ieder geval geslaagd. Het strepenmotief zou ontleend zijn aan een nooit gerealiseerd ontwerp van architect Adolf Loos voor Josephine Baker uit 1927. Het gebouw, dat ietwat doet denken aan de stuurcabine van een schip, bevat twee appartementen en een studio. FR Ce bâtiment (Bob van Reeth pour l'ArchitectenWerkGroep) fut érigé à un moment où des nombreuses discussions étaient menées autour des quais laissés à l'abandon et du rapport entre la ville et l'Escaut. L'objectif était d'attirer l'attention sur cette polémique. Pour ce qui est « d'attirer l'attention », ce bâtiment surprenant fut une réussite totale. Le motif rayé aurait été emprunté à un projet jamais réalisé de l'architecte Adolf Loos pour Joséphine Baker, datant de 1927. Le bâtiment, rappelant quelque peu la cabine de pilotage d'un bateau, abrite deux appartements et un studio. EN This building (Bob van Reeth for the ArchitectenWerkGroep) was constructed at a time when there was a great deal of discussion about the neglected quays and the relationship between the city and the Scheldt. The idea was to draw attention to this and the eye-catching building has certainly done just that. The stripe pattern was derived from a never realised design of architect Adolf Loos for Josephine Baker in 1927. The building, similar to the cockpit of a ship, houses two flats and a studio.

NL ONZE SELECTIE IN DEZE WIJK > pagina > n° op kaart
FR NOTRE SELECTION DANS CE QUARTIER > page > n° sur le plan
EN OUR SELECTION IN THIS NEIGBOURHOOD > page > n° on the map

Arte > p117, n°49 // Arte Botega > p99, n°35 // Barracuda > p162, n°91
Bernardin > p119, n°51 // Cafe DeLux > p157, n°86 // Cocktails at NINE > p155, n°84
De Peerdestal > p129, n°63 // De Toba Wereld > p104, n°43
Griekse Taverne > p140, n°76 // Hofstraat 24 > p114, n°46 // Hotel Julien > p167, n°97
Insideout Beauty Institute > p150, n°79 // Kassa 4 > p162, n°92 // LEF > p102, n°39
Matelote Hotel > p168, n°98 // Mekanik Strip > p96, n°29
Mijn Zusters Hoed > p95, n°28 // Pascale Masselis Juwelen > p81, n°12
RED > p133, n°67 // Sleeping at LINNEN > p169, n°99 // Tabl'eau > p138, n°73
Via Via > p134, n°69 // Yamayu Santatsu > p126, n°60

Het Eilandje

NL Het Eilandje is een oude havenbuurt in het noorden van Antwerpen die dateert uit de 16de eeuw. In de tijd van Rubens werd ze 'Nieuwstad' genoemd, nu 'Het Eilandje', omdat ze volledig omgeven is door dokken. Vroeger was dit een verloederde buurt, maar met Het Eilandje gaat het de dag van vandaag zoals het met veel verloederde buurten in grote steden gaat: doordat er grote, goedkope ruimtes beschikbaar zijn trekken deze een trendy en creatief publiek aan en schieten de prijzen opeens weer de lucht in. De havencafés en louche bars hebben nu plaats gemaakt voor chique clubs en restaurants. Enkele speciale schepen die men hier nog vindt zijn het kerkschip, waar de varende gemeenschap met elke trouwt en zijn kinderen doopt, en de Veronica boot, het voormalige zendschip van de piraatzender Radio Veronica. De opwaardering brengt ook een stroom aan nieuwe infrastructuur met zich mee, zoals de onlangs aangelegde jachthaven in het Willemdok, het Museum aan de Stroom, het nieuwe Stadsarchief en een migratiesmuseum. Bij de inrichting van de straten werden deze versmald zodat er veel ruimte is voor terrasjes waardoor het hier bij warmer weer goed toeven is... FR Het Eilandje (la Petite Île) est une ancienne zone portuaire du nord d'Anvers datant du 16e siècle. Nommée « Nieuwstad » à l'époque de Rubens, elle a été rebaptisée depuis « Eilandje », parce qu'elle est intégralement entourée de docks. Autrefois quartier populaire longtemps délaissé, l'Eilandje connaît aujourd'hui une phase de réhabilitation comme de nombreux quartiers similaires des grandes villes : les vastes espaces disponibles à bas coût attirent un public branché et créatif, faisant par la même occasion exploser les prix. Les cafés du port et bars glauques ont désormais fait place aux clubs et restaurants chics. Il est encore possible de visiter quelques bateaux spéciaux dans le port, comme le « kerkschip » (bateau-église), où la communauté marine célèbre les cérémonies de baptêmes et de mariages, et le « Veronica boot », où l'émetteur pirate Radio Veronica avait autrefois établi ses quartiers. La réhabilitation entraîne un afflux de nouvelles infrastructures, comme le port de plaisance récemment aménagé dans le Willemdok, le Museum aan de Stroom (MAS), les nouvelles Archives de la ville et un musée de l'immigration. Lors de l'aménagement des rues, celles-ci ont délibérément été rétrécies afin de dégager un plus grand espace pour les terrasses, un atout incontestable pour le site par beau temps... EN The Eilandje is an old dock area in the north of Antwerp dating back to the 16th century. In Rubens' time it was referred to as 'Nieuwstad' (New town), and now as 'Eilandje', because it is enclosed by docks. It used to be a run-down neighbourhood, but

nowadays the Eilandje is going much the same way as a lot of run-down neighbourhoods in big cities: because of the availability of spacious, affordable areas these neighbourhoods attract a trendy and creative public causing land prices to suddenly shoot up again. The harbour cafés and 'dives' have made way for posh clubs and restaurants. A number of special ships still moored here are the 'kerkschip' (church ship), where the sailing community marries and christens its children, and the Veronica boat, the former broadcasting ship of pirate Radio Veronica. The 'regentrification' also resulted in new infrastructure, such as the recently built marina in the Willemdok, the MAS, the new Stadsarchief (City archives) and a migration museum. The streets were made narrower to leave enough space for outdoor seating, making this an ideal resting place when the sun is out...

SINT-PAULUSKERK

↗ VEEMARKT ↗ WWW.TOPA.BE

NL Wie wandelt door de oude stad in de richting van het schipperskwartier ziet de lantaarntoren van de Sint-Pauluskerk plots opdoemen tussen de daken om even later weer mysterieus uit het gezichtsveld te verdwijnen. De speelse en barokke spirituele baken heeft een zeer fantasierijke en harmonische inrichting, een groots hoogaltaar, een beeldentuin, een indrukwekkend orgel en schilderijen van de grootste Antwerpse meesters zoals Rubens, Jordaen, Teniers en Van Dyck.. FR Les promeneurs qui déambulent à travers la vieille ville en direction du Schipperskwartier (quartier du port) pourront voir surgir d'entre les toits le clocher de l'église Saint-Paul, lequel disparaîtra peu après tout aussi mystérieusement du panorama. De style baroque, l'édifice religieux se distingue par un magnifique intérieur harmonieux et très créatif, un imposant maître-autel, un calvaire, un orgue impressionnant et des peintures dues à de prestigieux maîtres anversois tels que Rubens, Jordaens, Teniers en Van Dyck... EN If you walk through the Old Town in the direction of the 'schipperskwartier' (red light district) you suddenly see the lantern tower of Saint Paul's Church (Sint-Pauluskerk) loom large in front of you between the rooftops only to disappear just as mysteriously again. The playful and baroque spiritual beacon has a very imaginative and harmonious interior, a grand high altar, a garden of the Calvary, an impressive organ and paintings of the greatest Antwerp masters such as Rubens, Jordaens, Teniers and Van Dyck.

SINT-FELIX PAKHUIS

OUDELEEUWENRUI 29 ↗ 03 292 94 11 ↗ WWW.FELIXARCHIEF.BE

HET EILANDJE ↗ PLAN G

NL ONZE SELECTIE IN DEZE WIJK > pagina > n° op kaart
FR NOTRE SELECTION DANS CE QUARTIER > page > n° sur le plan
EN OUR SELECTION IN THIS NEIGBOURHOOD > page > n° on the map

Black Pearl > p159, n°89 // Fogos > p136, n°71
LaRiva > p160, n°90 // L'Isola Di Gio > p125, n°59
Passion for Fashion > p104, n°42

SINT-PAULUSKERK

De modewijk

FR LE QUARTIER DE LA MODE
EN THE FASHION DISTRICT

NL Antwerpen is een wereldstad op het vlak van mode. Fashionistas zakken graag af naar Antwerpen als de mode in Parijs, New York of Londen teveel op elkaar begint te lijken. De kickstart kwam er een kwarteeuw geleden, als de zogenaamde '6 van Antwerpen' (Walter Van Beirendonck, Dirk Bikkembergs, Ann Demeulemeester, Dries Van Noten, Dirk Van Saene en Marina Yee) volledig los van de in de jaren tachtig heersende glitter en glamour onder invloed van grote namen als Jean-Paul Gaultier en Thierry Mugler hun eigen revolutionaire stijl ontwikkelden.

De motor van de Antwerpse modescene en Europese trendsetter is en blijft de Antwerpse Modeacademie. In de jaren negentig studeerde een nieuwe succesvolle lichting ontwerpers af met Lieve Van Gorp, Anna Heylen, Stephan Schneider, Wim Neels en Christophe Broich. Sindsdien is deze beweging alleen maar groter geworden: Raf Simons, Veronique Branquinho, A.F. Vandevorst, Jurgi Persoons, Angelo Figus, Bernhard Willhelm, Bruno Pieters, Tim Van Steenbergen, Anke Loh, Dirk Schönberger, Marjolijn Van den Heuvel, Christian Wijnants, Haider Ackermann, Erik Verdonck & Tom Notte en Bart Vandebosch voor Les Hommes zijn allemaal ontwerpers die in Antwerpen 'school' hebben gelopen en hier meestal hun atelier, showroom of winkel hebben. De grootste dichtheid aan designers vindt u in de Nationalestraat, maar ook in de Lombardenvest en Steenhouwersvest vindt u grote internationale namen en Antwerpse ontwerpers. De Kammenstraat richt zich naast poshy boetieks vooral op streetwear voor een hip, trendy en jong publiek. Een hoogepunt in Antwerpen is de jaarlijkse show van de studenten van de modeacademie in juni, waar duizenden fashionistas en journalisten naartoe komen. Hier stellen de studenten van alle vier de jaren van de academie hun silhouetten voor.

Sinds 2002 heeft Antwerpen ook haar eigen modecentrum: de ModeNatie. In het opvallende ronde witte hoekgebouw in de Nationalestraat hebben het Flanders Fashion Institute (FFI), het ModeMuseum (zie: 'Musea - MoMu'), de Antwerpse Modeacademie, de kunstzinnige boekhandel Copyright en een brasserie hun onderdak gevonden. De spraakmakende tentoonstellingen in het MoMu trokken het eerste jaar alleen al 100.000 bezoekers en het Forum beneden biedt een platform voor werk van modestudenten, jonge ontwerpers en fotografen met presentaties, videoprojecties en tentoonstellingen.

ANTWERPSE MODEACADEMIE WWW.ANTWERP-FASHION.BE
MODENATIE WWW.MODENATIE.COM

MODENATIE

FR Anvers jouit d'une véritable renommée internationale dans le domaine de la mode. Les fashionistas se rendent volontiers à Anvers lorsque la mode à Paris, New York ou Londres semble présenter de trop grandes ressemblances. Tout a commencé il y a un quart de siècle, lorsque ceux que l'on appelle les « 6 d'Anvers » (Walter Van Beirendonck, Dirk Bikkembergs, Ann Demeulemeester, Dries Van Noten, Dirk Van Saene et Marina Yee) ont développé, en s'inspirant de grands noms comme Jean-Paul Gaultier et Thierry Mugler, leur propre style révolutionnaire se démarquant totalement de la folie du glitter et du glamour en vogue dans les années quatre-vingt.

Le moteur de la scène de la mode « made in Antwerp » et traceur de tendances au niveau européen est et reste l'Académie de mode d'Anvers. Une nouvelle vague de jeunes créateurs se fit connaître dans les années nonante : Lieve Van Gorp, Anna Heylen, Stephan Schneider, Wim Neels et Christophe Broich. La dynamique n'a fait que s'amplifier depuis lors. Raf Simons, Veronique Branquinho, A.F. Vandevorst, Jurgi Persoons, Angelo Figus, Bernhard Willhelm, Bruno Pieters, Tim Van Steenbergen, Anke Loh, Dirk Schönberger, Marjolijn Van den Heuvel, Christian Wijnants, Haider Ackermann, Erik Verdonck, Tom Notte et Bart Vandebosch pour Les Hommes sont tous des créateurs de mode qui ont fait leurs classes à Anvers et la plupart y possèdent un atelier, un show-room ou une boutique. La plus grande concentration de créateurs se situe dans la Nationalestraat, mais vous trouverez également de grands noms de la mode anversoise dans la Lombardenvest et la Steenhouwersvest. La Kammenstraat abrite, outre des magasins huppés, surtout des boutiques streetwear destinées à un public jeune et branché. Un grand moment pour le monde de la mode anversois est le défilé de mode annuel des étudiants de l'Académie de mode organisé au mois de juin, attirant des dizaines de fashionistas et de journalistes. Les étudiants des quatre années de l'Académie y présentent leurs travaux.

Anvers s'est également dotée depuis 2002 d'un véritable centre de la mode : la ModeNatie. Le Flanders Fashion Institute (FFI), le Musée de la Mode (voir : « Musées - MoMu »), l'Académie de mode d'Anvers, la librairie artistique Copyright et une brasserie sont maintenant réunis dans un magnifique bâtiment à la façade blanche et arrondie, situé au coin de la Nationalestraat. Les remarquables expositions du MoMu attirent à elles seules 100 000 visiteurs et le Forum (en dessous) offre une plate-forme pour les étudiants, les jeunes créateurs et les photographes en présentant leur travail à travers des projets vidéo et des expositions.

EN Antwerp is a fashion metropolis. Fashionistas enjoy coming to Antwerp when the fashion in Paris, New York or London starts to look much the same. It was kick-started 25 years ago when the '6 of Antwerp' (Walter Van Beirendonck, Dirk Bikkembergs, Ann Demeulemeester, Dries Van Noten, Dirk Van Saene and Marina Yee) developed their own revolutionary style loose from eighties glitter and glamour prompted by big names such as Jean-Paul Gaultier and Thierry Mugler.

The engine of the Antwerp fashion scene and European trendsetter is and remains the Antwerp Fashion academy. In the nineties a new successful batch of designers graduated with

Lieve Van Gorp, Anna Heylen, Stephan Schneider, Wim Neels and Christophe Broich. Since that time this movement has only got bigger. Raf Simons, Veronique Branquinho, A.F. Vandevorst, Jurgi Persoons, Angelo Figus, Bernhard Willhelm, Bruno Pieters, Tim Van Steenbergen, Anke Loh, Dirk Schönberger, Marjolijn Van den Heuvel, Christian Wijnants, Haider Ackermann, Erik Verdonck, Tom Notte and Bart Vandebosch for Les Hommes are all designers who went to the academy in Antwerp and usually have their workshop, showroom or shop here also. Most designers can be found in the Nationalestraat, but in the Lombardenvest and Steenhouwersvest you will also find big international names and Antwerp designers. As well as posh boutiques, the Kammenstraat has a lot of streetwear for funky, trendy and young people. A high point in Antwerp is the annual fashion show of fashion students at the academy in June, which attracts thousands of fashionistas and journalists, when the students of all four years of the academy present their silhouettes.

Since 2002 Antwerp also has its own fashion centre: the ModeNatie. A striking round white corner building in the Nationalestraat now houses the Flanders Fashion Institute (FFI), the ModeMuseum (see 'Museums - MoMu'), the Antwerp fashion academy, artistic bookstore Copyright and a brasserie. In the first year alone the much talked-about exhibitions in the MoMu drew 100,000 visitors and the Forum downstairs offers a platform for work of fashion students, young designers and photographers with presentations, video projections and exhibitions.

DE MODEWIJK ↗ PLAN B

NL ONZE SELECTIE IN DEZE WIJK > pagina > n° op kaart
FR NOTRE SELECTION DANS CE QUARTIER > page > n° sur le plan
EN OUR SELECTION IN THIS NEIGBOURHOOD > page > n° on the map

46 Kloosterstraat > p94, n°27 // A.P.C. > p76, n°6
Annemie Verbeke > p73, n°4 // Baltimore > p82, n°13 // Bien Soigné > p119, n°52
Dansing Chocola > p158, n°87 // Fragile > p77, n°8 //
Günther Watté > p98, n°32 // Huis De Colvenier > p127, n°62
Hungry Henrietta > p113, n°45 // I Famosi > p135, n°70
King Of Town & Karma Queen > p103, n°40 // La Muze d'Anvers > p91, n°24
Les Saveurs de Yamada > p121, n°54 // Lila Grace > p105, n°44
Lombardia > p140, n°75 // Louis > p69, n°1 // Melt 65 > p101, n°37
Step by Step > p77, n°7 // Thiron > p70, n°2 // Veronique Branquinho > p75, n°5

Het Zuid

NL In het trendy en artistieke hart van Antwerpen vindt u een heleboel cafeetjes, kunstgalerijen, artistieke winkeltjes en interieurzaken met designmeubelen of antiek en loopt u kunstenaars, acteur, BV's en schrijvers tegen het lijf. Velen wonen in een straal van een kilometer rond het KMSKA (zie 'Musea - KMSKA'), de meeste activiteit vindt u binnen de driehoek Vlaamse Kaai, Waalse Kaai en de Leopold De Waelplaats. De Antwerpenaars noemen 'het Zuid' wel eens 'klein Parijs', wegens haar stervormig stratenpatroon met vele pleintjes. Veel grote evenementen, zoals de Sinksenfoor, Cirque du Soleil of het Chinese Staatscircus vinden hier plaats, op de Gedempte Zuiderdokken. Architecturaal vallen vooral de vele art nouveau-huizen op; de bekendste voorbeelden zijn het voormalige Liberale Volkshuis 'Help U Zelve' (Volkstraat 40) en de huizengroep 'De Vijf Werelddelen', vanwege de in de de hoekgevel ingewerkte scheepsboeg beter gekend als 'Het Bootje' (hoek Schilders- en Plaatsnijdersstraat). De buurt van de Vlaamse en de Waalse Kaai combineert moderne galerijen met exclusieve design- en interieurzaken. De Volkstraat richt zich op verlichting en brocante.

FR Le centre branché et artistique d'Anvers regorge de petits bistrots, galeries d'art, boutiques artistiques et magasins de décoration intérieure avec meubles design ou anciens, et vous ne manquerez pas d'y croiser des artistes, acteurs, écrivains et autres Flamands célèbres. Ils sont en effet nombreux à habiter dans un rayon d'un kilomètre du Musée Royal des Beaux-Arts (voir « Musées - KMSKA »), l'activité se concentrant principalement dans le triangle formé par le Vlaamse Kaai, le Waalse Kaai et la Leopold De Waelplaats. Les Anversois l'appellent « het Zuid » ou le « Petit Paris », en raison de sa structure typique : des rues disposées en étoile avec plusieurs petites places. Le Zuid accueille divers événements importants comme la Sinksenfoor (foire d'Anvers), le Cirque du Soleil ou le Cirque chinois (au Gedempte Zuiderdokken). Sur le plan architectural, le Zuid compte de nombreuses maisons de style Art nouveau ; les exemples les plus connus sont l'ancienne Maison du peuple libérale « Help U Zelve » (Volkstraat 40) et le complexe « De Vijf Werelddelen » (Les Cinq Continents), plus connu sous le nom de « Het Bootje » pour sa remarquable façade dotée d'une proue de bateau en saillie (au coin de la Schildersstraat et de la Plaatsnijdersstraat). Les environs du Vlaamse et du Waalse Kaai combinent galeries modernes et magasins exclusifs de design et de décoration intérieure. La Volkstraat est spécialisée dans les luminaires et la brocante.

EN In the trendy and artistic heart of Antwerp you will find a lot of pubs, art galeries, artistic shops and interior shops with design furniture or antiques, and you may well bump into artists, actors, Flemish celebrities and writers. Many live within a one kilometre radius around the KMSKA (see 'Museums - KMSKA'), most activity is in the triangle Vlaamse Kaai, Waalse Kaai and the Leopold de Waelplaats. The people of Antwerp sometimes call 'het Zuid' 'little Paris', because of its star-shaped pattern of streets and many squares. Big events, such as the Sinksenfoor, Cirque du Soleil or the Chinese State circus are held on the Zuid at the Gedempte Zuiderdokken. Architecturally, the many Art Nouveau buildings will draw your attention; the best known examples include the former Liberale Volkshuis 'Help U Zelve' (Help yourself) (Volkstraat 40) and the group of houses called 'De Vijf Werelddelen' (the Five Continents), also known as 'Het Bootje' (the little boat) because of the ship's bow jutting out of the corner (corner of the Schildersstraat and Plaatsnijdersstraat). The neighbourhood of the Vlaamse and Waalse Kaai combines modern galleries with exclusive design and interior stores. The Volkstraat is more lighting and bric-a-brac.

HET ZUID ↗ PLAN C

NL ONZE SELECTIE IN DEZE WIJK › pagina › n° op kaart
FR NOTRE SELECTION DANS CE QUARTIER › page › n° sur le plan
EN OUR SELECTION IN THIS NEIGBOURHOOD › page › n° on the map

Amuse › p164, n°94 // Baby Beluga › p79, n°10
Café Costume › p85, n°16 // Chatleroi › p158, n°88 // Cordobar › p156, n°85
De Broers van Julienne › p123, n°57 // Ferrier 30 › p115, n°47
Fisk Boutique › p122, n°56 // Fiskebar › p124, n°58
Furniture And Clothing Selection › p92, n°25
Galerie Van Campen & Rochtus › p99, n°34 // Groengaard › p98, n°33
Hippodroom › p131, n°65 // Kaai Design › p93, n°26 // Kayo › p149, n°78
l'Entrepôt du Congo › p134, n°68 // L'épicerie du Cirque › p122, n°55
Magnolia › p80, n°11 // maison delaneau › p170, n°100
MAMANdeluxe › p78, n°9 // Mampoko › p118, n°50 // Matriks › p97, n°31
Mollet Kookboeken › p96, n°30 // O'Tagine › p132, n°66
Philip Hoet › p87, n°19 // Puur Personal Cooking › p120, n°53 // 't Kaneel › p139, n°74
Toys 4 Stars › p148, n°77 // Zuid Café › p138, n°72

'T BOOTJE

De Meir, Bourla

NL De autovrije Meir is de belangrijkste shoppingstraat van België en vormt de verbinding tussen het Centraal Station en het historisch centrum. De meeste grote kledingketens hebben hier hun vestiging. FR Principale artère commerciale (piétonne) de Belgique, le Meir relie la gare centrale au centre historique. Les grandes chaînes de magasins de vêtements y ont leur enseigne. EN The car free Meir is Belgium's prime shopping street and connects the central station with the historic city centre. Most big clothing chains have a store here.

KLOOSTERSTRAAT

NL In en rond de Kloosterstraat vindt u ontelbare winkeltjes die vintage design, antiek, brocante en prullaria verkopen. Een belangrijke aantrekkingspool is vooral ook de grandioze en unieke variëteit van voorwerpen die men hier kan kopen. Iedere handelaar is exclusief en specialist op zijn terrein : architecturale antiek, ameublement voor badkamers, bureau's, oude spiegels, verlichting met alle bijhorende accessoires, speelgoed, decorstukken, schilderijen van oude meesters, enz. FR Dans la Kloosterstraat ainsi qu'aux alentours de celle-ci, se trouve un nombre incalculable de commerces de vintage design, d'articles divers, d'antiquités ou encore de boutiques de brocanteurs. Son attractivité réside surtout dans la variété d'objets impressionnante et unique que l'on peut y acheter. Chaque commerçant est exclusif et est un véritable spécialiste dans son domaine : antiquités architecturales, ameublement pour les salles de bains, les bureaux, vieux miroirs, luminaires et accessoires, jouets, pièces de décoration, tableaux de maîtres, etc. EN In and around the Kloosterstraat you find several shops selling vintage design, antiques, bric-a-brac and nicknacks. The grandiose and unique variety of the objects you can buy here draws a lot of people to this area. Every trader is exclusive and an expert in his field: architectural antiques, bathroom furniture, desks, old mirrors, lighting with all the accessories, toys, stage scenery , paintings of old masters, etc.

SINT-ANDRIES

NL Deze wijk is de theaterbuurt van Antwerpen, met de Stadsschouwburg en tal van kleinere theaters, omringd door artiestencafés. FR Dans ce quartier, les théâtres sont légion. On y trouve le Stadsschouwburg (Théâtre de la Ville) ainsi que de nombreux plus petits théâtres entourés de cafés d'artistes. EN This neighbourhood is the theatre district of Antwerp, with the Stadsschouwburg and many smaller theatres, surrounded by pubs frequented by performers.

BOURLA ↗ GRAANMARKT 7

NL De Bourlaschouwburg huisvest het toneelhuis (een fusie tussen de Blauwe Maandag Compagnie en de Koninklijke Nederlandse Shouwburg) en brengt vooral theater. U kunt er af en toe echter ook een concertje meepikken, zoals de - weliswaar in een vingerknip uitverkochte - laatste doortocht van Tom Waits in België. De fraaie schouwburg opende net na de Belgische Revolutie zijn deuren en werd ontworpen door de toenmalige stadsarchitect Pierre Bourla. FR Le théâtre Bourla est géré par la compagnie du Toneelhuis (issue d'une fusion entre la Blauwe Maandag Compagnie et le Koninklijke Nederlandse Shouwburg) et propose surtout des spectacles de théâtre. De temps à autre, on peut y apprécier également un concert, comme lors de la dernière tournée de Tom Waits en Belgique - dont les places se sont vendues comme des petits pains. Ce joli théâtre a ouvert ses portes juste après la révolution belge. Il a été dessiné à l'époque par l'architecte de la ville, Pierre Bourla. EN The Bourla theatre houses the Toneelhuis (a merger of the Blauwe Maandag Compagnie and the Koninklijke Nederlandse Schouwburg) and chiefly puts plays on stage. The occasional concert is also organised at the Bourla, such as the last time Tom Waits was in Belgium, albeit that the concert was sold out in the blink of an eye. This beautiful theatre opened its doors just after the Belgian Revolution and was designed by the then city architect Pierre Bourla.

STADSFEESTZAAL ↗ MEIR / HOPLAND

NL De recent gerenoveerde Stadsfeestzaal heeft haar ene ingang aan de Meir en de andere aan Hopland. De uit 1908 daterende zaal brandde tijdens het millenniumjaar helemaal af, maar opende najaar 2007 opnieuw zijn deuren als winkelcentrum en biedt onderdak aan de meer luxueuze winkelketens. U vindt er ook een 'zwevende' champagnebar. FR La galerie Stadsfeestzaal, récemment rénovée, dispose d'une entrée sur le Meir et d'une autre dans la Hopland. Le complexe datant de 1908 avait été totalement détruit par les flammes durant le réveillon de l'an 2000. À l'automne 2007, il a toutefois rouvert ses portes en tant que centre commercial, abritant les plus prestigieuses chaînes de magasins. Vous y trouverez également un bar à champagne « flottant ». EN The recently renovated Stadsfeestzaal (City Festival Hall) has an entrance at the Meir and another at Hopland. The hall, which dates back to 1908, was completely gutted by fire in 2000, but opened its doors again in the autumn of 2007 as a shopping centre, and houses the more luxurious store chains. There is also a 'floating' champagne bar.

KBC TOREN ↗ SCHOENMARKT 35

NL In de volksmond wordt de toren nog steeds 'Boerentoren' genoemd, doordat de vroegere bank die erin huisde, de CERA, voornamelijk boeren als cliënteel had. Nu doet het gebouw dienst als appartementsgebouw en heeft de KBC er zijn intrek in genomen. Het was bij zijn bouw in 1932 het hoogste woongebouw in Europa en werd bedacht met de Zuid-Afrikaans aandoende naam 'wolkenkrabber'. Bij helder weer kan men van op de Boerentoren het Atomium in Brussel zien. FR Cette tour est, aujourd'hui encore, plus familièrement connue sous le nom de « Boerentoren », parce que l'ancienne banque qui s'y trouvait autrefois, la CERA, avait principalement pour clients des paysans (« boeren »). Le bâtiment abrite aujourd'hui des appartements ainsi que les bureaux de la KBC. Lors de sa construction en 1932, cet immeuble de logements était le plus haut gratte-ciel d'Europe, terme qui se veut une description imagée et n'est pas sans évoquer la manière littérale et inventive de composer des mots dans le dialecte Zuid-Afrikaans (ndt. dialecte parlé par les colons néerlandais débarqués en Afrique du Sud). Par temps clair, il est possible de voir l'Atomium de Bruxelles depuis la Boerentoren. EN Popularly known as the 'Boerentoren' ('Farmer's tower') as the bank's most important shareholder at the time was a farmers' co-operation, CERA. Now, the building serves as an apartment block and KBC bank has its offices here. When construction was finished in 1932 this 'skyscraper' was the tallest residential building in Europe. In clear weather you can see the Atomium in Brussels from the tower.

BOTANISCHE TUIN ↗ LEOPOLDSTRAAT

NL Antwerpen heeft niet zoveel tuinen of parken, en dit is een van de mooiste. Ze telt zo'n 2000 zeldzame planten en is een ideale oase om even tot rust te komen in deze drukke wijk. FR La ville d'Anvers ne possède pas un grand nombre de jardins et de parcs, mais le Jardin botanique en est l'un des plus beaux. Avec près de 2000 plantes rares, il constitue une oasis idéale pour goûter quelques moments de quiétude au cœur de cette ville tumultueuse. V Antwerp does not have many gardens or parks, but the botanical garden is one of the nicer ones. It has about 2000 rare plants and is an ideal oasis to take a break in this busy neighbourhood.

DE MEIR, BOURLA ↗ PLAN D

NL ONZE SELECTIE IN DEZE WIJK > pagina > n° op kaart
FR NOTRE SELECTION DANS CE QUARTIER > page > n° sur le plan
EN OUR SELECTION IN THIS NEIGBOURHOOD > page > n° on the map

12, Place Du Marché > p126, n°61 // Ann Dierckx > p90, n°23 // Avenue > p103, n°41
Basta > p100, n°36 // Cleo > p86, n°18 // Delvaux > p72, n°3 // Falstaff > p164, n°95
Ilse De Keulenaer > p86, n°17 // Innvited Hairdesign > p151, n°80
Lockwood > p102, n°38 // LXP > p83, n°14 // Oxford > p84, n°15
Princess "Country" > p89, n°22 // Princess & "little" Princess > p88, n°20
Princess Blue > p89, n°21 // Stan > p153, n°82

BOTANISCHE TUIN

Diamantwijk, Stadspark, Centraal Station

STATION ANTWERPEN-CENTRAAL ↗ KONINGIN ASTRIDPLEIN 27

NL Toen Koning Leopold II in 1905 het nieuwe station kwam openen vond hij het weinig imposant. Hij vond het een "klein, leuk stationnetje". En in 1975 werd het station op het nippertje voor afbraak verhoedt doordat het op de lijst van bescherme monumenten werd opgenomen. Maar Antwerpenaars noemen ze terecht de "Spoorwegkathedraal". Ze is ook het decor voor tal van films, zoals in de openingsscène van De zaak Alzheimer. Het gebouw zelf is opgetrokken in de, tot voor kort verguisde, eclectische stijl. Voor de koepel in de inkomhal vond men inspiratie bij het Romeinse Pantheon, dat voor vele gebouwen, zoals bijvoorbeeld het Capitool in Washington, als voorbeeld diende. Op de voorgevel van het station stond vroeger een standbeeld van de koning. De bevolking was niet bijzonder koningsgezind. Er werd dan ook regelmatig de grap gemaakt dat Antwerpen er nog 'ne kemel' bij had. Bij de toegangspoort van de naastgelegen zoo stond destijds namelijk een bronzen kameel. FR Lorsque le roi Léopold II est venu inaugurer la nouvelle gare en 1905, il l'a trouvée peu imposante, la qualifiant de « jolie petite gare ». En 1975, la gare fut sauvée de justesse de la démolition grâce à son intégration dans la liste des monuments protégés. Les Anversois l'appellent à juste titre la « cathédrale des chemins de fer ». Elle a servi de décor à de nombreux films, par exemple dans la scène d'ouverture de La Mémoire du Tueur. OLe bâtiment lui-même présente un style éclectique, encore décrié il y a peu. La coupole surplombant l'entrée doit beaucoup au panthéon romain, un monument qui a souvent servi de modèle, notamment pour le Capitole de Washington. Sur la façade de la gare se trouvait auparavant une statue du roi. Mais le peuple n'était pas particulièrement royaliste, et on plaisantait souvent sur ce deuxième « chameau » d'Anvers - le premier, en bronze, se trouvait à l'époque juste devant l'entrée du zoo voisin. EN When King Leopold (II) opened the new central station in 1905 he did not find it very impressive. He thought it was a "cute, little station". And in 1975 the station was only just saved from demolition when it was added to the list of protected monuments. The people of Antwerp refer to it as the "Railway cathedral", and with reason. It has also been the backdrop of many movies, such as the opening scène of De Zaak Alzheimer. The building itself is built in an, until recently much maligned, eclectic style. The dome in the entrance hall was inspired by the Roman Pantheon which has served as an example for many a building, including the Capitol in Washington. The front of the station used to have a statue of the king but the population was not particularly monarchist and it was removed.

DE ZOO

↗ KONINGIN ASTRIDPLEIN 26 ↗ 03 202 45 40 ↗ WWW. ZOOANTWERPEN.BE

NL De zoo staat eenzaam aan de top van de Antwerpse bezienswaardigheden naar bezoekersaantal. Naast de kleurboekdieren zoals leeuwen, olifanten en tijgers vindt u hier meer dan 5000 diersoorten. De Antwerpse Zoo heeft een internationale reputatie door haar medewerking aan kweekprogramma's voor bedreigde diersoorten zoals de bonobo en okapi. FR Si l'on se fie au nombre de visiteurs, le zoo occupe incontestablement la première place du classement des centres d'intérêts anversois. Outre les animaux d'albums de coloriage tels que les lions, les éléphants et les tigres, vous verrez ici plus de 5000 espèces d'animaux. Le zoo d'Anvers jouit d'une réputation internationale grâce à sa participation à des programmes d'élevage d'espèces menacées, tels que le bonobo et l'okapi. EN Antwerp zoo is Antwerp's most popular attraction in terms of visitors. Besides the usual suspects of lions, elephants and tigers the zoo has an animal population of over 5,000. The Antwerp Zoo has an international reputation thanks to its co-operation to breeding programmes for threatened animal species such as the bonobo and okapi.

STATION ANTWERPEN CENTRAAL

STADSPARK

NL Het Stadspark werd ontworpen door de toparchitect Eduard Kelig, die onder meer ook het park van Laken heeft ontworpen. Het is een prachtig voorbeeld van belle-époque-landschapsarchitectuur, aangelegd naar analogie van een romantisch Engels park, met rotsen en een hangbrug. Maar ook voor het Stadspark plant het stadsbestuur een afbraak, tot verbazing van veel Antwerpenaren. In het bestuursakkoord van 2007 werd immers opgenomen dat er gesport dient te worden in de parken. Het zou daarom leeggehaald worden en vervolgens volledig heraangeled. FR Le Parc municipal fut conçu par le grand architecte Eduard Kelig, qui, entre autres choses, a également dessiné le parc de Laeken. C'est un bel exemple d'architecture paysagère de la Belle Époque, construit pour ressembler à un parc romantique anglais, avec des rochers et un pont suspendu. Mais l'administration de la ville prévoit également de démolir le Parc municipal, à la surprise de nombreux Anversois. Il a en effet toujours été prévu dans l'accord d'administration de 2007 que l'on pourrait faire du sport dans les parcs et c'est pourquoi celui-ci sera rasé et ensuite entièrement reconstruit afin de satisfaire à cet accord. EN The Stadspark (city park) was designed by top architect Eduard Kelig, who also designed the 'Park van Laken'. It's a beautiful example of belle époque landscape architecture, in keeping with a romantic English park, including rocks and a suspension bridge. However, the city council has plans to demolish the Stadspark, much to the amazement of many Antwerp people. The 2007 policy agreement specified there should be sports in the parks. It would therefore be cleared and completely laid out again.

CHINATOWN

NL Hier vindt u de grootste Aziatische supermarkt van het land (de Sun Wah), een kunfuschool, talloze Chinese restaurants, een boeddhistische gebedsplaats, Chinese bakkers en de twee obligate witte stenen leeuwen aan de ingang van de wijk. Het epicentrum van de wijk is de Van Wesenbekestraat. FR C'est ici que se trouve le plus grand supermarché asiatique du pays (le Sun Wah), une école de kung fu, de nombreux restaurants chinois, un lieu de culte bouddhiste, des boulangeries chinoises et les deux lions en pierre blanche obligatoires à l'entrée du quartier. L'épicentre du quartier est la Van Wesenbekestraat. EN In Chinatown you find the biggest Asian Supermarket of Belgium (Sun Wah), a kung fu school, several Chinese restaurants, a Buddhist place of worship, Chinese bakers and the two obligatory white stone lions at the entrance of Chinatown. The epicentre of this neighbourhood is the Van Wesenbekestraat.

NL Vlakbij het Centraal Station ligt het wereldcentrum van de diamant. 80% van alle diamanten ter wereld passeert minstens eenmaal door Antwerpen. Op de as Vestingstraat, Rijfstraat, Hoveniersstraat vindt u het omvangrijkste aanbod. FR Tout près de la Gare centrale se trouve le centre mondial du diamant. 80 % de tous les diamants transitent au moins une fois par Anvers. C'est dans les Vestingstraat, Rijfstraat et Hoveniersstraat que vous trouverez l'offre la plus étendue. EN Near the central station is the world's diamond centre. 80% of all diamonds in the world passes through Antwerp at least once. Along the Vestingstraat, Rijfstraat, Hoveniersstraat you find the biggest offer.

DESIGNCENTER DE WINKELHAAK

↗ LANGE WINKELHAAKSTRAAT 26 ↗ 03 727 10 30 ↗ WWW.WINKELHAAK.BE

NL Designcenter 'De Winkelhaak' is een bedrijvencentrum voor zelfstandige ontwerpers uit de designwereld. Hier hebben architecten en mensen uit de grafische communicatie en productontwikkeling hun bureau. Ook zijn er regelmatig business events, tentoonstellingen, workshops en seminaries... FR Le designcenter « De Winkelhaak » est un centre d'affaires destiné aux entrepreneurs indépendants du monde du design. Des architectes, ainsi que des spécialistes en communication graphique et en développement de produits, y ont leurs bureaux. Business events, expositions, ateliers et séminaires y sont régulièrement organisés. EN Design center 'De Winkelhaak' is a business centre for self-employed designers in the design industry. Architects and people in graphic communication and product development have their offices here. Business events, exhibitions, workshops and seminaries are regularly organised.

DIAMANTWIJK, STADSPARK, CENTRAAL STATION ↗ PLAN E

NL ONZE SELECTIE IN DEZE WIJK > pagina > n° op kaart
FR NOTRE SELECTION DANS CE QUARTIER > page > n° sur le plan
EN OUR SELECTION IN THIS NEIGBOURHOOD > page > n° on the map

Café Capital > p163, n°93 // Le Boudoir > p152, n°81

Zurenborg

NL Op de grens van Borgerhout en Berchem ligt deze misschien wel gezelligste wijk van de stad, die ook wel eens het 'Dorp in de Stad' wordt genoemd. De wijk is door zijn adembenemende architectuur uniek voor België, en is sinds begin de jaren tachtig beschermd als stadsgezicht. De wijk heeft ook haar eigen krant, de 'Gazet van Zurenborg'.

De wijk wordt in tweeën gedeeld door de spoorlijn tussen de Tramplaats en de Draakplaats: het noordelijk deel (district Antwerpen) is het oudste deel, met als middelpunt de Dageraadplaats. In dit gedeelte van de wijk staan vele honderden wit gestuukte huizen waarin op het einde van de 19de eeuw voornamelijk de middenklasse zijn intrek nam. Het deel zuidelijk van de spoorlijn (district Berchem) situeert zich rond de Cogels Osylei. In deze buurt kwamen vooral rijke mensen wonen, die volgens de typisch Antwerpse traditie, hun rijkdom wilden terugzien in de huizen die ze bewoonden. Nu wonen er vooral geslaagde artiesten, politici en zakenlui.

Het aparte van Zurenborg is het ongedwongen karakter en de mix aan bewoners: van volks tot erg rijk, Marokkanen, schrijver, acteurs, Polen, politici, orthodoxe Joden, jonge gezinnen... iedereen woont hier vreedzaam naast en door elkaar en organiseert evenementen, rommelmarkten of concertjes. Want behalve voor hun huizen dragen de Zurenborgers ook zorg voor elkaar. Wat wijlen Herman De Coninck ooit woordspelerig 'Burenzorg' noemde.

FR A la limite de Borgerhout et de Berchem se trouve le quartier peut-être le plus agréable de la ville, autrefois qualifié de « village dans la ville ». Avec son époustouflante architecture, ce quartier est unique en Belgique et depuis le début des années quatre-vingt, il s'agit d'un patrimoine protégé. Le quartier a aussi son propre journal, la « Gazet van Zurenborg ».

Le quartier est séparé en deux par la voie ferrée, entre la Tramplaats et la Draakplaats : la partie nord (dans le district d'Anvers) est la plus ancienne, avec comme centre la Dageraadplaats. On trouve, dans cette partie du quartier, plusieurs centaines de maisons blanches où la classe moyenne s'est installée à la fin du 19e siècle. La partie située au sud de la voie ferrée (dans le district de Berchem) se trouve autour de la Cogels Osylei. Ce sont surtout les riches qui sont venus y habiter. Conformément à la tradition anversoise typique, ils voulaient que leur richesse se reflète dans les maisons qu'ils habitaient. Aujourd'hui, ce sont surtout des artistes à succès, des hommes politiques et des hommes d'affaires qui y vivent.

Ce qui fait la spécificité de Zurenborg, c'est son caractère décontracté et le mélange des habitants : du populaire à la grande richesse, des Marocains, des écrivains, des acteurs, des Polonais, des hommes politiques, des Juifs orthodoxes, de jeunes familles... tout le monde vit ensemble en paix et l'on y organise des évènements, des marchés aux puces ou des concerts. Car si les habitants de Zurenborg entretiennent leurs maisons, ils prennent également soin les uns des autres. C'est pourquoi feu Herman de Coninck a appelé le village 'Burenzorg', qui est un jeu de mot en néerlandais désignant un village de soins.

EN On the border of Borgerhout and Berchem you find what is probably the friendliest neighbourhood of the city. It is also referred to as the 'Village in the City'. The neighbourhood's stunning architecture makes it unique in Belgium, and since the early eighties it has been a protected city view. The neighbourhood also has its own newspaper, the 'Gazet van Zurenborg'.

The neighbourhood is bisected by the railway line between the Tramplaats and the Draakplaats: the northern area (district Antwerp) is the oldest part, with the Dageraadplaats at its centre. This side of the railway features hundreds of white stuccoed houses which chiefly attracted the new middle class in the late 19th century. The southern part of the railway line (district Berchem) is situated around the Cogels Osylei. Mostly rich people chose to live in this neighbourhood, who, in typical Antwerp tradition wanted to display their wealth with opulent buildings. Nowadays this area is inhabited for the most part by successful artists, politicians and businessmen.

What makes Zurenborg so different is its informal character and the eclectic mix of people: from common to very rich, Moroccans, writers, actors, Poles, politicians, orthodox Jews, young families... everyone lives peacefully next and with each other and regular events, jumble sales or concerts are organised. Because, as well as their houses, the people of Zurenborg also look after each other. The late Herman De Coninck referred to it as 'Burenzorg' (taking care of your neighbours).

ZURENBORG ↗ PLAN F

NL ONZE SELECTIE IN DEZE WIJK > pagina > n° op kaart
FR NOTRE SELECTION DANS CE QUARTIER > page > n° sur le plan
EN OUR SELECTION IN THIS NEIGBOURHOOD > page > n° on the map

Dôme & Dôme sur mer > p116, n°48 // Vertigo > p165, n°96

Luc Tuymans

Hij is vandaag de grootste, meest invloedrijke schilder van ons land en internationaal bekend als één van de belangrijkste namen in de hedendaagse kunst. Vier jaar geleden was Luc Tuymans (51) de eerste levende Belg die een solotentoonstelling kreeg in het gerenommeerde Tate Modern te Londen, intussen sieren zijn schilderijen de musea van Boedapest, Tokyo, New York en München. In het Brusselse Wiels zijn momenteel twintig nieuwe werken te bewonderen, waarover we in de Antwerpse living van de kunstenaar - sigaretten en aansteker binnen handbereik, priemende blik en een basstem 6,8 op de schaal van richter - komen praten.

In het mondaine Abu Dhabi wordt de hand gelegd aan nieuwe vestigingen van het Louvre en het Guggenheimmuseum – een kunstthemapark als toeristische trekpleister. Vindt u het persoonlijk belangrijk waar uw werk terecht komt? Dat vind ik zeker belangrijk. Samen met de galerijen die me vertegenwoordigen waak ik al twaalf jaar over de eindbestemming van mijn werk. Als kunstenaar moet je jezelf beschermen, vooral tegen de speculatiegolf die de voorbije jaren heeft gewoed. We kopen regelmatig schilderijen weg bij de veilinghuizen om ze daarna zeer precies te plaatsen. Zo hangt er intussen werk van mij in elf Amerikaanse musea.

Liever geen privé-collecties? Toch wel, maar dan vooral mensen die eerder in de diepte verzamelen en later met hun collectie iets publieks willen doen.

Tot en met twee augustus loopt Against The Day, een expositie met nieuw werk in het Brusselse Wiels. Waarom precies op die locatie? Omdat directeur Dirk Snauwaert me anderhalf jaar geleden zelf de vraag heeft gesteld. Initieel wou hij een expositie met werken in bruikleen maar dat bleek financieel niet haalbaar. Ik heb toen zelf een nieuw project voorgesteld met twintig nieuwe schilderijen die op vier maanden tijd gemaakt zijn.

Twintig nieuwe werken presenteren in één keer, dat is veel. (droog) Een kleine krachttoer, in een absolute recordtijd. Deze tentoonstelling gaat na Wiels trouwens op tournee. Te beginnen bij de biënnale van Moskou, waar het de grootste solopresentatie zal zijn, daarna ondermeer naar het Rooseum in Malmö en het Centro de Arte Contemporáneo in Málaga.

Pauze = pose

Against The Day vormt het laatste deel van een drieluik. Wat inspireerde de doeken? Deze tentoonstelling behandelt opnieuw de manipulatie van beelden. In de reeks Les Revenants had ik het over de stempel die de jezuïeten op de maatschappij drukten via het onderwijs en hun ambiguïteit ten opzichte van Rome. In Forever - The Management Of Magic was Walt Disney het vertrekpunt, als symbool van de fantasie die kapot wordt gemaakt door de amusementsindustrie. Disney wilde met Epcot (een onderdeel van Disney World, nvdr) ook zijn visie van een perfecte staat neerpoten. Beide onderwerpen behandelen dus het utopisch denken, met de blik naar boven gericht. Voor Against The Day stond het virtuele beeld centraal. De instant beeldcultuur als ontlading van het utopisch denken, een soort extreem voyeurisme. Reality-tv, foto's gemaakt met een iPhone of live footage van een sluipschutter op YouTube; beelden die continu in beweging zijn. Door ze te schilderen arresteer ik die virtualiteit in de tijd.

Wat komt eerst: het idee of het beeld? Al mijn werken zijn een gevolg van associatief, analoog denken. In het schilderij Against The Day zie je een vriend in mijn achtertuin naast een boom staan terwijl hij zinloos staat te schoppen in de bladeren. De twee verticale figuren refereren naar het icoontje van de pauzeknop, wat dan weer de gelijkenis tussen 'pauze' en 'pose' oplevert. Tegelijkertijd heeft de film There Will Be Blood, waarin de eerste 15 minuten geen dialoog zit, veel invloed gehad op deze reeks schilderijen. Er gaat heel wat voorbereiding aan het schilderen vooraf. Als ik voor mijn ezel plaats neem is het werk eigenlijk al af, een dag later staat het op doek.

Spelen persoonlijke ervaringen ook een rol? Ik denk aan uw werken rond de Tweede Wereldoorlog. Mijn fascinatie voor WO II gaat inderdaad voor een deel terug op mijn jeugd. De familie langs mijn vaders kant komt uit Antwerpen en was Vlaamsgezind - de één al fanatieker dan de ander. In de Nederlandse tak van mijn familie, langs moederszijde, zaten sommige mensen in de weerstand en hielpen ze Joden onderduiken. Dat leverde soms geanimeerde taferelen op maar toen er eens een foto opdook van een familielid met zijn poot omhoog was het hek van de dam! Er werd toen vooral hevig gediscussieerd aan de eettafel, wat de impact van de hele situatie alleen maar groter maakte.

Nachtraaf

Vorig jaar beschilderde u in opdracht van Klara een straatmuur in de Beddenstraat. Hoe kijkt u terug op dat 'experiment'? Klara wilde onderzoeken hoeveel mensen stil zouden staan bij het schilderij uit zijn museumcontext. Op een kleine drieduizend passanten bleken dat er een honderdtal, zo'n vier percent dus. Ik had eerlijk gezegd nog veel minder verwacht. Op straat zijn mensen nu eenmaal vooral met zichzelf bezig. Ik vind zulke stunts nogal idioot, maar uit sympathie voor Chantal Pattyn en de mensen van Klara heb ik toegezegd.

Kent u de kunstenaar Banksy? Volgens hem is graffiti de eerlijkste manier van kunst bedrijven: "It takes no money to do it, you don't need an education to understand it and there's no admission fee." Goh, de stelling 'kunst ligt op de straat' is zeer relatief. Er zijn evengoed graffitikunstenaars die zichzelf met plezier een weg naar de galerijen spuiten, denk maar aan Keith Haring en Basquiat. De meeste graffiti die ik op straat zie, vind ik eerder ongevaarlijk. Die uitspraak getuigt trouwens van een schromelijke onderschatting van je publiek.

U hebt lang gewerkt als portier. Wat is de grootste les die u in die periode geleerd hebt? Ik heb veel lessen geleerd in die periode. Ik was pas 13 jaar toen ik mijn eerste pasjes in het nachtleven zette. Alles draait er rond vijf elementen: in de eerste plaats geld, dan seks, kleren, de plaats waar je woont en transport, met welke auto je rijdt dus. Samen vormt dat een zeer gecompliceerd weefsel, op de koop toe verhuld door de nacht. Ik ben altijd een nachtraaf geweest. voor 3u 's nachts zie ik mijn bed niet en ik heb gruwelijk weinig slaap nodig.

In hoeverre bent u beïnvloed door in Antwerpen te wonen? Ik heb hier steeds wonen en werken gecombineerd. In den beginne in een horrorachtig, lekkend appartement zonder verwarming en elektriciteit, tegenwoordig betrek ik een iets luxueuzer atelier. Antwerpen is een megalomaan dorp maar ik reis veel naar het buitenland, veel last heb ik daar niet van. Anderzijds, als je hier buiten komt is heel de stad je biotoop, en ik hou van de gereserveerdheid die de Belgen van nature bezitten. Ook het licht is hier van een briljante kwaliteit en grijs is zowat de hoofdkleur in dit land. Moest ik pakweg in Los Angeles werken zou dat zich zeker in mijn werk vertolken.

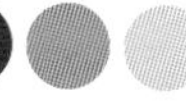

He is currently the biggest, most influential painter in Belgium and is internationally reputed as one of the leading lights in contemporary art. Four years ago Luc Tuymans (51) was the first living Belgian to be given a solo exhibition at the renowned Tate modern in London. Nowadays his paintings can be found in the museums of Budapest, Tokyo, New York and Munich. The Brussels Wiels currently has twenty new pieces on display. In his living room in Antwerp - cigarettes and lighter within reach, piercing look and a bass voice measuring 6.8 on the Richter scale - we talk about his new pieces.

In the fashionable Abu Dhabi new sites of the Louvre and the Guggenheim museum – an art theme park as tourist attraction - are under construction. Do you find it important on a personal level where your work ends up? Most certainly. Together with the galleries representing me I have been tracking where my work ends up for the last twelve years. As an artist you need to protect yourself, especially against the wave of speculation these past years. We often buy paintings from auction houses to make sure they end up where we want them to go. Thanks to this I have pieces in eleven American museums.

You prefer your work not to be in private collections? No that's fine, but I prefer people who collect in depth and want to display their collection to the public at a later date.

Against The Day, an exposition with new work in the Wiels in Brussels ends on the second of August. Why exactly that location? Because director Dirk Snauwaert asked me that exact same question a year and a half ago. Initially he wanted to organise an exposition with loaned works but that was not feasible financially. I suggested a new project with twenty new paintings to be finished within four months.

Twenty new pieces in one go, that's a lot. (dry) 'A small tour de force, in absolute record time. This exposition will travel after Wiels. Starting with the biennale of Moscow, where it will be the biggest solo presentation, then to the Rooseum in Malmö and the Centro de Arte Contemporáneo in Málaga.

Break = pose

Against The Day is the last part of a triptych. What inspired the pieces? This is another exposition about the manipulation of images. The Les Revenants series was about the stamp the Jesuits left on society through education and their ambiguity toward Rome. In Forever - The Management Of Magic,Walt Disney was the point of departure, the symbol of imagination that is ruined by the amusement industry. The idea behind Disney's Epcot (part of Disney World) was also to show his vision of a perfect state. Both subjects therefore are about utopian thinking, gazing upwards. In Against The Day the virtual image was key. Instant visual culture as a discharge of utopian thinking, a kind of extreme voyeurism. Reality TV, photographs made with an iPhone or live footage of a sniper on YouTube; images that are constantly moving. By painting them I arrest that virtual reality in time.

What comes first: the idea or the image? All my work is a result of associative, analogue thinking. In Against The Day you see a friend in my back garden standing next to a tree kicking leaves without any purpose. The two vertical figures refer to the icon of the pause button, which produces the similarity between 'break' and 'pose'. At the same time the film There Will Be Blood, with no dialogue for the first 15 minutes greatly influenced this series of paintings. Painting requires a lot of preparation. When I sit in front of my easel the piece is actually finished, a day later it's on the canvas.

Do personal experience also play a part? For instance your pieces about World War II. My fascination for WWII does indeed partly go back to my youth. The family on my father's side is from Antwerp and was Flemish-minded - one more fanatic than the other. On the Dutch side of my family, on my mother's side, some people were in the resistance and helped to hide Jews. Sometimes this resulted in animated scenes but when one day a photograph surfaced of a family member with a raised hand salute things got out of hand! The heaviest discussions were at the dining table, which only made the impact of the whole situation bigger.

Night owl

Last year Klara commissioned you to paint a street wall in the Beddenstraat. How do you look back at that 'experiment'? **Klara** wanted to find out how many people would look at a painting when taken out of a museum context. Out of about three thousand passers-by a hundred or so stopped to look, so about four per cent. Quite honestly, I expected a lot less. On the street people are more into themselves. I find these stunts quite stupid, but out of sympathy for Chantal Pattyn and the people at Klara I agreed.'

Do you know the artist Banksy? According to him graffiti is the most honest practice of art: "It takes no money to do it, you don't need an education to understand it and there's no admission fee." Well, the premise 'art is on the street' is very relative. Some graffiti artists are only too happy to spray themselves into galleries, just think of Keith Haring and Basquiat. Most graffiti I see on the street is rather harmless. Moreover, this statement is a gross underestimation of your audience.

You used to work as a bouncer. What is the biggest lesson you learned from this period? I learnt a lot during that time. I was only 13 when I made my first tentative steps into the nightlife scene. Everything revolves around five elements: first there's money, than sex, clothes, where you live, and transport, or what car you drive in other words. It makes for a very complicated fabric, and on top of that it is veiled by the night. I have always been a night owl. I never go to bed before 3 a.m. and I need scarily little sleep.

To what extent have you been influenced by living in Antwerp? I have always combined living and working here. Right at the start in a horror-like, leaking apartment without heating and electricity, my workshop now is slightly more luxurious. Antwerp is a megalomanic village but I travel abroad a lot so it doesn't bother me that much. On the other hand, when you get out here, the entire city is your biotope, and I love the reserve that is naturally inborn in all Belgians. The quality of the light is also brilliant here and grey is just about the predominant colour in Belgium. If I were to live in, let's say Los Angeles, it would certainly show in my work.

SHOPPING Antwerpen is dé modestad bij uitstek en geniet bovendien internationale faam. U vindt er prachtige zaken van bekende Belgische ontwerpers, chique boetieks en stijlvolle snuisterwinkeltjes. Houdt u van design? In deze stad komt u genoeg trendy shops met interieurspullen tegen. FR Ville de la mode par excellence, Anvers jouit d'une réputation internationale. Vous y verrez les beaux magasins de célèbres créateurs belges, des boutiques chics et de petites échoppes pleines de style. Vous aimez le design? Vous trouverez en ville suffisamment de magasins tendance offrant des articles d'intérieur. EN Antwerp is the fashion city par excellence and is known all over the world for its shops. You will find beautiful creations of well-known Belgian designers, high-end boutiques and stylish shops where you will find all kinds of little treasures. Do you like design? This city is rife with trendy interior shops.

LOUIS

DESIGNER FASHION | 1

Maison Martin Margiela, Balenciaga, Lanvin, Rick Owens, Ann Demeulemeester, AF Vandevorst, Véronique Leroy, Adam Kimmel... NL Dames- en herencollecties, accessoires en schoenen. Tweede winkel in Knokke. FR Une belle sélection de collections d'avant-garde pour dames et hommes, ainsi que sacs à main, accessoires et chaussures. Deuxième magasin à Knokke. EN Selection of avant-garde collections for women, and men, and handbags, accessories and shoes. Second shop in Knokke.

↗ LOMBARDENSTRAAT 2, 2000 ANTWERPEN ↗ 03 232 98 72

↗ ANTOINE BRÉARTSTRAAT 15, 8300 KNOKKE-HEIST ↗ 050 60 60 48

THIRON

EXCLUSIVE SHOES & BAGS | 2

Shoes: Michel Vivien, Celine, Marc by Marc Jacobs, Costume National, Vic Matié, Duccio del Duca, Fausto Santini, Buttero, Chie Mihara, Pura Lopez. **Bags:** Il Bisonte, Jerome Dreyfuss, Dallas & Vegas. NL Nu industrieel designer Guy Thiron zijn schoenenpassie eindelijk de vrije loop laat, ontpopt hij zich als nieuwkomer met zijn divers & uiteenlopend gamma (ook in prijs) al snel tot dé referentie voor de hele stad. FR Depuis qu'il se consacre à sa passion pour les chaussures, le designer industriel Guy Thiron est vite devenu la référence de la ville avec sa gamme diversifiée & originale (aussi pour les prix). EN Now that industrial designer Guy Thiron has finally given his passion for shoes free rein, this newcomer's varied & diverse range (also in price) has rapidly become the talk of the town.

↗ DRUKKERIJSTRAAT 6, 2000 ANTWERPEN ↗ 03 227 20 27 ↗ WWW.THIRON.BE

DELVAUX

BELGISCH LEDERWARENHUIS | 3

NL Delvaux, het oudste lederwarenhuis ter wereld, werd in 1829 gesticht. Delvaux is nog steeds een familiebedrijf, gefocust op waarden als kwaliteit, exclusiviteit en goede smaak. FR Fondée en 1829, la Maison Delvaux est la plus ancienne Maroquinerie de luxe au monde. Elle est toujours restée une entreprise familiale attachant la plus grande importance à des valeurs telles que la qualité, l'exclusivité et l'élégance. EN Founded in 1829, Delvaux is the oldest fine leather luxury goods company in the world. It has remained a family-owned company, precisely because it wants to protect those values of quality, exclusivity and taste.

↗ KOMEDIEPLAATS 17, 2000 ANTWERPEN ↗ 03 232 02 47 ↗ WWW.DELVAUX.COM

ANNEMIE VERBEKE

FASHION DESIGNER | 4

NL Terugkerende thema's als de tijdloze interpretatie van fijn vormgegeven, dagdagelijkse kledij gelinkt aan de ontmoeting tussen cultuur en natuur plaatst deze Belgische ontwerpster in het rijtje der groten. FR À l'instar de sa relecture subtile de vêtements quotidiens, les thématiques récurrentes de la créatrice belge, entre culture et nature, placent celle-ci dans la cour des grands. EN Recurrent themes such as the timeless interpretation of fine design and everyday clothing linked with the meeting between culture and nature put this Belgian designer in with the very best. ↗ NATIONALESTRAAT 76-78, 2000 ANTWERPEN ↗ 03 226 35 60 ↗ WWW.ANNEMIEVERBEKE.BE

VERONIQUE BRANQUINHO

BOETIEK | 5

NL Internationaal geroemde Belgische ontwerpster die tijdloos strakke snitten en perfecte pasvormen voor vrouwen én mannen op een subtiele manier koppelt aan het spel van dualiteit. Ook schoenen & accessoires. FR La créatrice belge de renommée internationale associe subtilement la sobriété de coupes intemporelles parfaites, pour elle et lui, au jeu de la dualité. Chaussures et accessoires aussi. EN Belgian designer with international renown who subtly links timeless tight cuts and perfect fits for men and women with a play of duality. Also shoes & accessories. ↗ NATIONALESTRAAT 73, 2000 ANTWERPEN ↗ 03 233 66 16 ↗ WWW.VERONIQUEBRANQUINHO.BE

A.P.C.

INSANELY ORDINARY | 6

NL Atelier de Production et de Création. De knap uitgepuurde, sobere en kwalitatief superieure collecties van Jean Touitou schuwen banaliteit en bekoren een publiek dat valt voor een intellectuele approach. FR Atelier de Production et de Création. Les belles collections épurées, sobres et de qualité supérieure de Jean Touitou évitent la banalité et charment un public amateur d'approche intellectuelle. EN Atelier de Production et de Création. Jean Touitou's nicely devised, simple and high-quality superior collections shun banality and appeal to a public that falls for an intellectual approach. ↗ LOMBARDENVEST 12, 2000 ANTWERPEN ↗ 03 226 50 54 ↗ WWW.APC.FR

STEP BY STEP

BOETIEK | 7

Isabel Marrant, Anna Sui, Millions of Smiles, Le Mont Saint Michel, Bambula, Charles Anastase, James Perse, Vanessa Bruno, Claudie Pierlot, Les Prairies de Paris, Marcel, BP Studio, J. Brand Jeans, Notify, Current/Elliott NL Trendy, verfijnd en zwierig bo-chique. Voor de vrouw die weet wat ze wil en belang hecht aan persoonlijke service en leuke accessoires. FR Tendance, raffiné et élégamment chic. Pour les femmes qui savent ce qu'elles veulent et qui recherchent un service personnalisé et de jolis accessoires. EN Trendy, refined and elegant high-end. For women who know what they want and find personal service and fun accessories important. ↗ LOMBARDENVEST 18, 2000 ANTWERPEN ↗ 03 213 18 54 ↗ WWW.STEPBYSTEP-ANTWERPEN.BE

FRAGILE

MATERNITY FASHION | 8

NL Mekka voor modieuze, zwangere vrouwen die ook mét rond buikje even stijlvol & comfortabel willen flaneren, zoniet stijlvoller! Geen 'fragiele' verpakking: wél sierlijke elegantie die kostbare momenten kleedt. FR Le temple des femmes enceintes aimant la mode qui veulent des vêtements confortables et stylés pour leur ventre rond ! Pas d'emballage « fragile » mais une élégance qui habille ces moments précieux. EN Mecca for fashionable, pregnant women who want to look stylish & comfortable, maybe even more so! Not a 'fragile' packaging: but graceful elegance dressing valuable moments. ↗ KAMMENSTRAAT 84, 2000 ANTWERPEN ↗ 03 202 50 73 ↗ WWW.FRAGILE.BE

MAMANdeluxe EXCLUSIVE LUXURY MATERNITY BOUTIQUE | 9

NL Dé one-stop shop voor de yummy-mummy (en haar baby) met een exclusieve mix van trends, occasional wear, hot designer marternity jeans, chic lounge & sleep wear, lingerie, luxe accessoires en gifts. FR Le passage obligé pour la future maman en vogue (et son bébé). Une offre de prêt-à-porter très tendance, robes de soirée et jeans créateur. Lingerie d'allaitement et de nuit séduisante et une sélection d'accessoires et de cadeaux exclusifs. EN The one-stop shop for the yummy-mummy (and her baby) with an exclusive mix of trends, occasional wear, hot designer maternity jeans, chic lounge & sleep wear, lingerie, luxury accessories and gifts.
↗ VOLKSTRAAT 35, 2000 ANTWERPEN ↗ 03 290 42 16 ↗ WWW.MAMANDELUXE.BE

BABY BELUGA

EVERYDAY LUXURIES | 10

NL Unieke selectie van kleding en accessoires van (inter)nationale, hooggeprofileerde merken tot jonge, opkomende labels (See by Chloé, Le Mont St Michel, Erotokritos, ba&sh, Paul & Joe Sister, Local, Day, by the Stones...) FR Sélection unique de vêtements et accessoires de grandes marques (inter)nationales et jeunes labels montants (See by Chloé, Le Mont St Michel, Erotokritos, ba&sh, Paul & Joe Sister, Local, Day, by the Stones...) EN Unique selection of clothing and accessories of (inter)national, high profile brands to young, up-and-coming labels (See by Chloé, Le Mont St Michel, Erotokritos, ba&sh, Paul & Joe Sister, Local, Day, by the Stones...) ↗ VOLKSTRAAT 1, 2000 ANTWERPEN ↗ 03 289 90 60 ↗ WWW.BABYBELUGA.BE

MAGNOLIA

EXCLUSIVE BEAUTY BRANDS | 11

NL Top make-up, parfum en skincare merken zoals Laura Mercier, In Fiore, e.a. zal u in België enkel hier vinden, waar men met aanvullend persoonlijk advies & praktische tips het beste in u naar boven haalt. FR Seul distributeur en Belgique de marques de make-up, parfums et produits pour la peau comme Laura Mercier, Infiore, etc. Conseils personnalisés & astuces pratiques qui mettront votre beauté en valeur. EN Top make-up, perfume and skincare brands, such as Laura Mercier, Infiore... only available here in Belgium with personalised advice & practical tips for free. ↗ VOLKSTRAAT 28, 2000 ANTWERPEN ↗ 03 257 03 77 ↗ WWW.MAGNOLIASHOP.BE

PASCALE MASSELIS

JEWELLERY | 12

NL Bejubeld en geprezen ontwerpster die in haar atelier op haar eigen natuurlijke en speelse manier edelstenen weet te vangen in een web van gouden draden. Voor wie houdt van vakmanschap en exclusiviteit... FR Créatrice de renom très appréciée qui, dans son atelier, enfile avec élégance et originalité des pierres précieuses sur un florilège de fils d'or. Pour les adeptes d'artisanat et d'exclusivité... EN Acclaimed and respected designer who in her workshop manages to catch precious stones in a web of gold thread in her own natural and playful way. Ideal for people looking for craftsmanship and exclusivity...

↗ ZIRKSTRAAT 42, 2000 ANTWERPEN ↗ 03 231 47 51 ↗ WWW.PASCALEMASSELIS.BE

BALTIMORE

FLOWERS | 13

NL Niet enkel modehuizen en boetieks vallen als bosjes voor deze bloemen. Platgetreden paden worden hier altijd met zorg en veel kleur omzeild. Frisse combinaties die prikkelen & boeketten die indruk maken. FR Les maisons et boutiques de mode ne sont pas les seules à adorer ces fleurs. Les sentiers battus sont toujours contournés avec soin et couleurs. Séduisantes combinaisons fraîches & superbes bouquets. EN Not just fashion houses and boutiques are falling for these flowers. Well-trodden paths are by-passed with care and colour. Fresh combinations that stimulate and bouquets that impress. ↗ AUGUSTIJNENSTRAAT 35, 2000 ANTWERPEN ↗ 03 232 28 38 ↗ WWW.BALTIMOREBLOEMEN.BE

LXP

FASHION FOR RENT | 14

NL Waarom 2.500€ aan haute-couturestukken hangen als ze na dat ene feest toch in de kast blijven? Voor 100€ per dag kiest u hier uw droomjurk en/of bijpassende juwelen, schoenen of avondtasje. FR Pourquoi consacrer 2 500€ à des pièces de haute couture qui resteront dans votre armoire ? Pour 100€ par jour, vous optez pour la robe de vos rêves et/ou chaussures, sac à main et bijoux assortis. EN Why spend 2,500€ on an haute-couture piece which you are only likely to wear once? For 100€ a day you can choose your dream dress and/or matching jewellery, shoes or bag. ↗ Balmain, Nina Ricci, Karl Lagerfeld, Tim Van Steenbergen, Cathy Pill, Jessie Lecompte... ↗ HOPLAND 53, 2000 ANTWERPEN ↗ 03 225 14 00 ↗ WWW.L-XP.COM

OXFORD

MANNENMODE | 15

Polo Ralph Lauren, Fay, Boglioli, Brunello Cucinelli, Hackett, Corneliani, Hogan, Mason's, Tod's, Rossi, Vintage 55, Jacob Cohën, Sun68, Superdry, Seven Jeans,... NL Oxford, een niet te missen hotspot voor mannen in hartje Antwerpen, brengt een ruim aanbod van sporty-chic,van jeans tot maatpak. FR Oxford, un hot spot pour les hommes à ne pas manquer, au cœur d'Anvers, offre un large choix de vêtements sports & chics, du jeans au costume. EN Oxford, a not to be missed hotspot for men in the heart of Antwerp, offers a broad range of sporty-posh, from jeans to made-to-measure. ↗ HUIDEVETTERSSTRAAT 55, 2000 ANTWERPEN ↗ 03 233 90 97 ↗ WWW.OXFORD-FASHION.BE

CAFÉ COSTUME

TAILORING À LA CARTE | 16

NL Al drie generaties lang het mekka voor op maat gemaakte kostuums. Op afspraak kiest u met deskundig advies de snit, stof en afwerking van uw pak, broek of vest. Van democratisch, sneakerhip tot exclusief... FR 3 générations de tailleurs. Sur rendez-vous, vous choisirez, selon des conseils d'experts, la coupe, le tissu et les finitions de votre costume, pantalon ou veste. Du démocratique et sneaker hip à l'exclusif... EN For three generations the Mecca for tailor-made suits. By appointment and with expert advice you choose the cut, the material and finish of your suit, trousers or jacket. From democratic, sneaker-hip to exclusive... ↗ EMIEL BANNINGSTRAAT 11, 2000 ANTWERPEN ↗ 03 257 30 02 ↗ WWW.CAFECOSTUME.COM

ILSE DE KEULENAER

JEWELLERY | 17

NL Ingenieuze en moderne handgemaakte juwelen in edelmetalen. Naast de gekende eigen collecties ook internationale namen in dezelfde lijn. Verrassend breed aanbod van zeer toegankelijk tot heerlijk exclusief. FR Ingénieux et modernes bijoux en métaux précieux faits main. Outre ses collections célèbres, des noms internationaux dans la même ligne. Un large choix surprenant, de l'accessible au plus exclusif. EN Ingenious and modern hand-made jewellery in precious metal. Apart from her own collections, also international names in the same line. Surprisingly broad offer from very accessible to incredibly exclusive. ↗ SCHUTTERSHOFSTRAAT 38, 2000 ANTWERPEN ↗ 03 232 22 55 ↗ WWW.ILSEDEKEULENAER.BE

CLEO

DESIGNER CLOTHING | 18

Brunelli Cucinelli, Class Roberto Cavalli, Blumarine (Blugirl & Blugirl follies) , Louise Cerano, Valentino, Pianura Studio, Scervino Street, Roberto Scapa, Versace, Airfield - **Jeans:** Cambio, Seven - **Accessories:** Just Cavalli, Nouchka NL Al jarenlang het referentiepunt als het om haut gamme collecties & ontwerpers gaat. Persoonlijke bediening & advies op maat. FR Depuis des années la référence en matière de collections haut de gamme et de créateurs. Service personnalisé & conseils sur mesure. EN For years the reference for haut gamme collections & designers. Personal service & tailor-made advice. ↗ ARMEDUIVELSTRAAT 3-9, 2000 ANTWERPEN ↗ 03 231 66 66 ↗ WWW.BOETIEK-CLEO.BE

PHILIP HOET OPTIEK – EYES MEET ART | 19

NL Voor wie zich van de brillende massa durft te onderscheiden en z'n persoonlijkheid wil etaleren, speurt Philip Hoet naar jong & dynamisch designtalent met een liefde voor vernieuwende materialen en vormen. FR Pour ceux qui veulent se différencier de la masse et montrer leur personnalité, Philip Hoet cherche les jeunes talents dynamiques avec un attrait pour les nouveaux matériaux et formes. EN For those who dare to stand out from the bespectacled masses and want to show off their personality, Philip Hoet is looking for young & dynamic designers with a love for innovative materials and shapes. ↗ LEOPOLD DE WAELPLAATS 12, 2000 ANTWERPEN ↗ 03 216 01 22 ↗ WWW.PHILIPHOET.BE

PRINCESS & "LITTLE" PRINCESS WOMEN MULTI-BRAND CLOTHING | 20

Alberta Ferretti, Armani Collezioni, Michael Kors, Ralph Lauren, Valentino, Natan, Fay, Tod's, Hogan, Burberry, MaxMara, Moschino Cheap&Chic, See by Chloé, Marc Jacobs, By Malene Birger, Moncler... NL Wie zich graag in tijdloze elegantie hult vindt haar gading op één van de drie verdiepingen. Ook kinder- en bruidsafdeling. FR À la recherche de l'élégance intemporelle ? Vous trouverez votre bonheur à l'un des trois étages de ce magasin. Aussi rayons enfants et jeunes mariées. EN People who like timeless elegance will find what they want on these three floors. Also children and bridal department. ↗ MEIR 51-55, 2000 ANTWERPEN ↗ 03 231 21 22 ↗ WWW.PRINCESS.EU

PRINCESS BLUE

DESIGNER CLOTHING | 21

Women: Matthew Williamson, Helmut Lang, Commuun, Peter Pilotto, Marcus Lupfer, Giles, Margiela M6, Kaylee Tankus, ACNE, Preen, Bluenotch Jeans, Christopher Kane... **Men:** Neil Barrett, Helmut Lang, Marc Jacobs, ACNE, A. Dell Acqua, Unconditional, J. Lindeberg, Moncler... NL Scherp uitgekiende en tegelijk verrassend ruime selectie uit de draagbare Avant-garde collecties van de nieuwe Up & Coming Designers. FR Un vaste aperçu pointu et surprenant des collections de prêt-à-porter d'avant garde des nouveaux designers qui montent. EN Well thought-out and surprisingly broad selection of the wearable avant-garde collections of new Up & Coming Designers. ↗ SCHRIJNWERKERSSTRAAT 7, 2000 ANTWERPEN ↗ 03 213 51 21 ↗ WWW.PRINCESS.EU

PRINCESS "COUNTRY"

MULTI-BRAND CLOTHING | 22

Women: Ralph Lauren, Burberry, Trussardi, Just In Case, See by Chloé, Marc by Marc Jacobs, Essentiel, By Malene Birger, Fay, Tod's, Hogan, Cityzens of Humanity, Jacob Cohen, Gestuz, Moncler... **Men:** Ralph Lauren, Burberry, Moncler, Raf Simons for Fred Perry, Parajumpers, Joe Black, Springcourt... NL Klassiek is hip! Ruim aanbod uit de collecties van de gevestigde merken tot stylish gedistingeerde eigenzinnigheid met een twist. FR Le classique est tendance ! Collections de marques confirmées et des petites folies distinguées et stylisées des créateurs, avec une touche en plus. EN Classic is hip! Collections of established brands, stylishly distinguished individuality with a twist. ↗ SCHOENMARKT 10, 2000 ANTWERPEN ↗ 03 231 21 22 ↗ WWW.PRINCESS.EU

ANN DIERCKX

JEWELLERY | 23

NL Speelse en klassiek getinte maar vooral tijdloze collecties in edelmetalen aangevuld met edelstenen en verrassende materialen. Prestigieus atelier dat ook gekend staat voor haar verkwikkende transformaties. FR Intemporelles collections fantaisie et classique en métaux précieux, rehaussés de pierres précieuses et de matériaux surprenants. Atelier prestigieux connu également pour ses agréables transformations. EN Playful and traditional but timeless precious metal collections, precious stones and surprising materials. Prestigious workshop, known for its refreshing transformations. ↗ GROENDALSTRAAT 9, 2000 ANTWERPEN ↗ 03 226 11 49 ↗ WWW.ANNDIERCKX.BE

LA MUZE D'ANVERS

LINGERIE & BADMODE | 24

NL Deze lingerieshop, gehuld in een gezellig boudoirsfeertje, prikkelt uw zintuigen met de meest sensuele lingerie, elegante topjes en high fashion swimwear of stoere underwear voor mannen. Een absolute must! FR Cette boutique, à l'ambiance de boudoir agréable, exalte vos sens avec une lingerie très sensuelle, des bustiers élégants et maillots de bain très mode, ou de robustes sous-vêtements pour homme. Un must ! EN This lingerie shop, veiled in a friendly boudoir atmosphere, tickles your senses with the most sensual lingerie, elegant tops and high fashion swimwear or rugged underwear for men. An absolute 'must have'! ↗ STEENHOUWERSVEST 15, 2000 ANTWERPEN ↗ 03 283 81 30 ↗ WWW.LA-MUZE-DANVERS.BE

FURNITURE AND CLOTHING SELECTION

VINTAGE DESIGN | 25

NL Essentiële stop met hedendaagse stijliconen, van modernistische designstukken, kleding van de Antwerpse zes, keramiek van Amphora, Chambost en Blin tot accessoires van Chanel, Cardin, Laroche en Y-S Laurent. FR L'arrêt impératif pour les icônes actuelles, des pièces design modernes, vêtements des 6 d'Anvers, céramiques Amphora, Chambost et Bli aux accessoires de Chanel, Cardin, Laroche et Y-S Laurent. EN Essential stop with contemporary style icons, from modernistic design pieces, clothing of the Antwerp six, ceramics of Amphora, Chambost and Bli to accessories of Chanel, Cardin, Laroche and Y-S Laurent.

↗ TIMMERWERFSTRAAT 8, 2000 ANTWERPEN ↗ 03 294 33 78 ↗ WWW.FCSELECTION.BE

KAAI DESIGN

INTERIOR | 26

Flexform, Polyform, Moroso, Mdf Italia, Arco, Pastoe, etc. NL Gepassioneerde interieurarchitecten maken u wegwijs in 3 verdiepingen vernieuwend interieur design met een ziel en blinken ondermeer uit in persoonlijk advies en totaalinrichting. FR Des architectes d'intérieur passionnés vous guident au fil des 3 étages de design d'intérieur moderne et affirmé. Excellents conseils personnalisés & aménagement global. EN Impassioned interior architects guide you through 3 floors of innovative interior design with soul and excel in personal advice and total design. ↗ VLAAMSE KAAI 45, 2000 ANTWERPEN ↗ 03 248 77 44 ↗ WWW.KAAIDESIGN.BE

46 KLOOSTERSTRAAT DESIGN – ARCHEOLOGICA – BROCANTE | 27

NL Achter deze gevel gaat een ruim & verrassend gevarieerd aanbod van de betere originele designontwerpen (meubels, verlichting, etc.) en collector items tot origineel Romeins glas- en aardewerk schuil. FR Derrière cette façade, une offre étonnamment variée, allant de créations design très originales (meubles, éclairage, etc.) à des articles collector, en passant par du verre romain et de la poterie. EN Behind this façade you'll find a spacious & surprisingly varied offer of original quality design objects (furniture, lighting, etc.), collector items, original Roman glass and earthenware. ↗ KLOOSTERSTRAAT 46, 2000 ANTWERPEN ↗ 0477 977 532 ↗ WWW.46KLOOSTERSTRAAT.COM

MIJN ZUSTERS HOED

THIS & HATS | 28

NL Twee zussen loodsen u met liefde & oog voor kwaliteit door de wondere wereld van de betere petten, hoeden van Belgische ontwerpers aangevuld met accessoires & internationale namen. FR Deux sœurs vous guideront avec amour & souci de la qualité à travers le monde merveilleux des superbes casquettes et chapeaux de créateurs belges. Le tout valorisé par des accessoires & des noms internationaux. EN Two sisters lovingly and with an eye for quality guide you through the wondrous world of quality caps and hats by Belgian designers, complemented by accessories & international names. ↗ WOLSTRAAT 23, 2000 ANTWERPEN ↗ 0475 444 230 ↗ WWW.MIJNZUSTERSHOED.BE

MEKANIK STRIP

COMICS RULE! | 29

NL Stripfanaten, comic- en filmliefhebbers vinden hier een bijzonder breed aanbod Europese & Amerikaanse strips, comix, manga, graphic novels aangevuld met leuke gadgets. Galerij & dakterras op 1e verdieping. FR Les fans de BD, comics et films y trouveront un choix très étoffé de BD européennes & américaines, comics, mangas, romans graphiques et sympathiques gadgets. Galerie & toit en terrasse au 1er étage. EN Comic fanatics and movie buffs will find a wide selection of European & American comic strips, comix, manga and graphic novels as well as fun gadgets here. Gallery & sun terrace on 1st floor. ↗ SINT-JACOBSMARKT 73, 2000 ANTWERPEN ↗ 03 234 23 47 ↗ WWW.MEKANIK-STRIP.BE

MOLLET KOOKBOEKEN

BOEKHANDEL | 30

NL Unicum in Vlaanderen en dé ultieme plek om uw culinaire horizonten te verruimen. Wie (terecht) vreest met knorrende maag buiten te komen, kan natuurlijk altijd één van de kookdemonstraties meepikken. FR Unique en Flandre. L'endroit idéal pour agrandir vos horizons culinaires. Si vous craignez (à juste titre) de ressortir avec l'estomac dans les talons, vous pouvez emporter l'un des plats cuisinés. EN Unique in Flanders and the place to be to broaden your culinary horizon. Or go to one of the cooking demonstrations to make sure you don't leave hungry. ↗ VOLKSTRAAT 9, 2000 ANTWERPEN ↗ 03 238 89 59 ↗ WWW.MOLLETKOOKBOEKEN.BE

MATRIKS

DESIGN | 31

NL Uitgebreide selectie, van verrassend nieuw tot echte designklassiekers. Kortom, alle internationale trends die uw leefomgeving opfleuren, niet enkel mooi maar ook functioneel & leuk als geschenk. FR Grande sélection de nouveautés étonnantes et de véritables classiques design. Toutes les tendances internationales qui égayent votre cadre de vie et mêlent esthétique et fonctionnalité. Idées cadeaux. EN Extensive selection, from surprisingly new to design classics. In short, all international trends which liven up your living environment, not just nice but also functional & fun gifts. ↗ MUSEUMSTRAAT 18-22, 2000 ANTWERPEN ↗ 03 257 21 14 ↗ WWW.MATRIKS.BE

GÜNTHER WATTÉ

CHOCOLADE CAFÉ | 32

NL Dit luxesfeervolle chocoladecafé verleidt tot een voluit genieten van de zoete dingen des levens met alle zintuigen... de filosofie van de meester in de Grand cru van chocolade, alsook in koffie en thee. FR Ce superbe bar à chocolat titille nos sens et invite à une vraie dégustation des petites douceurs de la vie... Toute la philosophie du maître dans le chocolat Grand cru, le café et le thé. EN This luxury chocolate café invites you to fully enjoy the sweeter things in life with all your senses... the master's philosophy of the Grand cru of chocolate, as well as coffee and tea. ↗ STEENHOUWERSVEST 30, 2000 ANTWERPEN ↗ 03 293 58 94 ↗ WWW.WATTE.BE

GROENGAARD

FLOWER & GARDEN DESIGN | 33

NL Combinaties met exotische of mediterrane bloemen- en plantenregisters leveren verfrissende en soms minimalistisch geïnspireerde stukken op. Ruim assortiment potten & vazen + ontwerp van tuin & dakterras. FR Combinaisons de plantes et fleurs exotiques ou méditerranéennes créant des ensembles rafraîchissants et parfois minimalistes. Grand assortiment de pots & vases + plan de jardin & toit en terrasse. EN Combinations with exotic or Mediterranean flowers and plants result in refreshing and sometimes minimalist inspired pieces. Wide range of pots and vases + garden and roof terrace design. ↗ MUSEUMSTRAAT 3, 2000 ANTWERPEN ↗ 03 248 39 33 ↗ WWW.GROENGAARD.BE

GALERIE VAN CAMPEN & ROCHTUS

ART GALLERY | 34

Jef Van Campen, Gerard Engels, Natasja Bennink, Serge Van De Put e.a. NL Jonge, dynamische galerie die zich als internationale speler toespitst op de betere hedendaagse figuratieve schilder- en beeldhouwkunst uit België en Europa. Ook leasing en verhuur. FR Galerie jeune et dynamique qui se positionne sur le plan international pour les meilleurs peintres et sculpteurs figuratifs contemporains, belges et européens. Leasing et location possibles. EN Young, dynamic gallery and international player with focus on high-end contemporary figurative paintings and sculptures from Belgium and Europe. Also leasing and rental. ↗ VERSCHANSINGSTRAAT 52, 2000 ANTWERPEN ↗ 03 294 06 62 ↗ WWW.GALERIEVCR.BE

ARTE BOTEGA

DELICATESSEN SHOP | 35

NL Arte werkt met het beste wat het thuisland te bieden heeft. Vandaar dat het restaurant alle delicatessen en basisproducten als balsamico, olijfolie, cantucci, etc invoert uit Italië én Sardinië, ook voor u. FR Arte travaille uniquement avec le meilleur du pays. Le restaurant importe son épicerie fine et ses produits de base tels que vinaigre balsamique, huile d'olive, cantucci, etc. d'Italie et de Sardaigne. EN Arte only works with the best ingredients of the homeland. All delicacies and basic products, such as balsamico, olive oil, cantucci, etc., are imported directly from Italy and Sardinia. ↗ SUIKERRUI 24, 2000 ANTWERPEN ↗ 03 226 29 70

BASTA

FASHION | 36

Ladies: Aldo Martin's, Desigual, Elisa Cortes, Jocavi, Jota Mas Ge, Muchacha, Paramita en Skunkfunk **Gents:** Armand Basi, Desigual, Florentino, Frederichoms, Skunkfunk **Kids:** Desigual **Shoes:** Armand Basi, Art, Florentino NL De betere Spaanse mode die harten sneller doet slaan & grijze straten op eigenzinnige manier van een gepast antwoord dient. Overweldigend aanbod (580m²). FR Le meilleur de la mode espagnole qui fait battre nos cœurs et vient apporter une réponse résolument appropriée au gris de nos rues. Offre abondante (580m²). EN High-quality Spanish fashion which quickens your pulse and provides a fitting and individual answer to our grey streets. Overwhelming offer (580m²). ↗ TWAALF MAANDENSTRAAT 11, 2000 ANTWERPEN ↗ 03 226 50 11 ↗ WWW.BASTAFASHION.BE

MELT 65

INSPIRATIONAL FLAVORS | 37

NL Melt65 mixt mode, kunst en design tot een bruisend geheel. Naast Skunk Funk en Nümph vind je er een steeds vernieuwend aanbod van internationale, opkomende merken als Rules By Mary, Modern Amusement en Moods of Norway. FR Mode, art et design forment 1 ensemble bouillonnant. Outre Skunkfunk et Nümpf, nombre d'autres marques scandinaves moins connues : Rules by Mary, custommade, Moods Norway, etc. Expositions régulières. EN Melt65 is warming the hearts of those seeking beauty by blending fashion, art and design into a new vibrating experience. Funky urban fashion labels melt with upcoming designer brands. Art is melted with shopping. ↗ NATIONALESTRAAT 123, 2000 ANTWERPEN ↗ 03 231 08 03 ↗ WWW.MELT65.COM

LOCKWOOD

SKATESHOP | 38

NL Overweldigend & exclusief aanbod kledij, schoenen, decks en andere hardware gekoppeld aan een vriendelijke service en een eigenaar die zelf al 20 jaar skateboard. Met heuse skatebowl in de winkel! FR Une offre impressionnante et exclusive de vêtements, chaussures, decks et autre matériel, avec un service aimable et un propriétaire qui skate depuis 20 ans. Véritable skate bowl dans le magasin ! EN Overwhelming & exclusive offer of clothing, shoes, decks and other hardware coupled with a friendly service and an owner who has been skating for 20 years. Actual skate bowl in the shop! ↗ LANGE-KLARENSTRAAT 14, 2000 ANTWERPEN ↗ 03 226 67 36 ↗ WWW.LOCKWOOD.BE

LEF

MODE | 39

Ben Sherman, Closed, Camper, Falke, JC Rags, SIGI, Ted Baker, Emile Lafaurie (excl. in Belgium) NL One-stop shop met stijlvolle herencollecties die variëren van casual chic tot klassiek met een twist of strak in het pak. Schoenen & accessories kleden u van kop tot teen. FR Magasin tout en un avec d'élégantes collections pour homme, allant du casual chic au classique, avec une touche de « sur mesure ». Les chaussures & accessoires vous iront des pieds à la tête ! EN One-stop shop with stylish men's collections varying from casual chic to traditional with a twist or tight. Shoes & accessories clothe you from head to foot. ↗ MINDERBROEDERSRUI 55, 2000 ANTWERPEN ↗ 03 225 05 62 ↗ WWW.LEFMODE.BE

KING OF TOWN & KARMA QUEEN
ECO ETHIC CONCEPT | 40

NL Of hoe ecologisch en ethisch verantwoorde kleding, schoenen en accessoires voor vrouwen, mannen en baby's heerlijke gestyleerde proporties kan aannemen. Hip zonder oppervlakkig te zijn. FR Ou comment styliser vêtements, chaussures et accessoires écologiques ou éthiquement responsables pour hommes, femmes et bébés. Branché sans être superficiel. EN Or how ecological and ethical clothing, shoes and accessories for women, men and babies can take on deliciously stylised proportions. Funky without being superficial. ↗ PREKERSSTRAAT 44 (PLEIN NATIONALESTRAAT), 2000 ANTWERPEN ↗ 0479 909 999 ↗ WWW.KINGOFTOWN.BE

AVENUE
SELECT SNEAKERS & MORE | 41

NL In dit sneaker paradise vindt u naast de schitterende selectie sneakers ook zowat alles dat in die sneakercultuur past, van kleding tot het ultieme accessoire. Naast de real worldshop ook een online shop. FR Ce paradis de la basket vous propose en plus d'une superbe sélection de baskets, tout ce qui les complète, des vêtements à l'accessoire ultime. En plus du magasin réel, un virtuel est en ligne. EN Apart from the great sneaker selection this sneaker paradise has just about everything that goes with sneaker culture, from clothing to the ultimate accessory. Also an online shop. ↗ LANGEKLARENSTRAAT 29, 2000 ANTWERPEN ↗ 03 226 67 36 ↗ WWW.AVENUESTORE.BE

PASSION FOR FASHION

BOETIEK | 42

NL Trendy Franse & Italiaanse collecties tegen een zacht prijsje aangevuld met diverse accessoires. Bovendien heeft deze knusse boetiek voor elke vrouw wel iets in petto. Gezellig rondneuzen is de boodschap. FR Des collections françaises et italiennes branchées à prix doux, complétées par divers accessoires. Cette boutique agréable a de quoi satisfaire toutes les femmes. On peut y fouiner confortablement. EN Trendy French & Italian collections at a soft price and various accessories. This comfortable boutique has something for every woman. Browsing is the watchword. ↗ BORDEAUXSTRAAT 13, 2000 ANTWERPEN ↗ 0475 926 946

DE TOBA WERELD

LICHAAM & GEEST | 43

NL Zet het jachtige leven even opzij en wapen u met deze Toba kruiden & natuurlijke verzorgingsproducten tegen burn-outs, stress, vermoeidheid... Filosofische boeken & halfedelsteen juwelen vullen aan. FR Délaissez quelque peu votre quotidien trépidant pour faire le plein d'herbes Toba & produits de soin naturels contre le burn-out, le stress, la fatigue... Livres philosophiques & bijoux semi-précieux. EN Cast aside your busy life for a mo' and arm yourself with these Toba herbs & natural care products against burn-out, stress, fatigue,... Philosophical books & semi-precious stone jewellery complement. ↗ SUIKERRUI 10, 2000 ANTWERPEN ↗ 03 213 31 33 ↗ WWW.TOBA.BE

LILA GRACE

BOETIEK | 44

NL Twee vriendinnen speuren constant naar leuke nieuwe en betaalbare merken. Ze hebben bijgevolg van alles in huis voor elke vrouw, van elegante kledij & lingerie tot schoenen. Frisse kijk & sympathieke sfeer. FR Deux amies toujours à la recherche de nouveautés sympas et de marques abordables. Tout pour habiller la femme : tenues élégantes, lingerie et chaussures. Regard rafraîchissant & ambiance sympathique. EN Two girl-friends constantly look for fun, new and affordable brands. This means they have something for every woman, from elegant clothing and lingerie to shoes. Fresh outlook and friendly atmosphere. ↗ NATIONALESTRAAT 83, 2000 ANTWERPEN ↗ 03 289 00 99 ↗ WWW.LILAGRACEANTWERP.COM

Veronique Branquinho

Het zou een quizvraag kunnen zijn uit een aflevering van De Slimste Mens Ter Wereld: wie of wat zijn de Antwerpse Zes? Dries Van Noten, Walter Van Beirendonck, Ann Demeulemeester, Dirk Bikkembergs, Dirk Van Saene... en wie was die andere ook alweer? Veronique Branquinho misschien? U verliest kostbare seconden!(*) Branquinho (36) studeerde weliswaar af aan dezelfde Antwerpse academie maar pas na dat het illustere sextet de stad op de modekaart had geplaatst. De internationaal gelauwerde ontwerpster opende in 2003 haar flagship store in de Nationalestraat van waaruit ze haar luxueuze dames- en herenlijn aan de man brengt.

Je bent in zee gegaan met het befaamde huis Delvaux, en wel als creatieve directrice. Wat houdt die functie precies in?
Het is begonnen met de vraag of ik drie handtasmodellen voor de herfst/wintercollectie 2009-2010 wou ontwerpen. Na die eerste samenwerking, die voor beide partijen erg goed is verlopen, kwam de vraag er of ik de artistieke leiding van het huis in handen wou nemen. Vanaf 2010 neem ik dus het creatieve roer van alle collecties over. Eerst liggen de drie handtasmodellen "Ame Libre", "Message Ambigu" en "Régard Passager" vanaf september in de Delvaux-winkels.

Zal er naast die veeleisende job nog voldoende tijd over blijven voor je eigen collecties? Maak je daar maar geen zorgen over (lacht). Daarbij is mijn contract als docent aan de Universiteit voor Toegepaste Kunsten in Wenen afgelopen, er was dus plaats in mijn agenda - en ik ben natuurlijk omringd door een uitstekend team!

Kosmopolitisch

Vorig jaar was er de overzichtstentoonstelling Moi, Veronique Branquinho TOuTe NUe in het Antwerpse Modemuseum. Hoe belangrijk was dat moment voor je? De overzichtstentoonstelling in het MoMu kwam op het perfecte moment. Tien jaar bezig, twintig collecties... In de mode ben je continu met de toekomst bezig en sta je zelden stil bij het verleden. Ik kreeg dus de ideale gelegenheid om stil te

staan en te reflecteren over de vorige collecties. Het doet wel iets om al je werk zo bij elkaar gepresenteerd te zien. Het voelde als het afsluiten van één hoofdstuk en het beginnen van een nieuw.

Stel je jezelf in het buitenland voor als Belgische, Vlaamse of Antwerpse? Ik zeg eerder dat ik Belgische ben. Ik ben fier op mijn afkomst en op ons landje waar het zo goed toeven is. Antwerpen is en blijft mijn uitvalsbasis maar de eerlijkheid gebiedt me te zeggen dat mijn échte roots elders liggen. Vilvoorde is mijn geboortestad. (snel) Maar ik heb natuurlijk gestudeerd aan de Academie voor Schone Kunsten en ik heb 15 jaar in Antwerpen gewoond, dat creëert natuurlijk wel een speciale band met de stad. Antwerpen is een kosmopolitisch dorp. Het grootste voordeel is meteen het grootste nadeel: je vindt er alle faciliteiten van een echte wereldstad maar ook de gezelligheid en charme van een dorp, inclusief bijhorende mentaliteit. Groots in de kleinheid of klein in zijn grootsheid, het is maar hoe je het bekijkt.

Moeders mooiste

Bestaat er zoiets als een Antwerpse dresscode? Je kan absoluut spreken van een 'Antwerpse stijl'. Er is een duidelijk onderscheid met de straten van pakweg Brussel en Gent. De street style in Antwerpen is eerder modisch en bestudeerd nonchalant, veel minder alternatief-retro dan die van Gent maar ook niet zo afgeborsteld als die van Brussel.

Veel Vlaamse rockers zijn kind aan huis bij Branquinho, wat trekt hen aan in jouw kledij? Dat zou je best aan die Vlaamse rockers zelf vragen natuurlijk (lacht). Persoonlijk vind ik het heel belangrijk om voor "echte" mannen - en vrouwen - te ontwerpen en niet alleen voor fashion victims. Mannen die met beide voeten in het echte leven staan, die gepassioneerd met iets bezig zijn. Dat 'iets' hoeft zeker geen mode te zijn, maar het zijn wel mensen die aandacht hebben voor goed gesneden kleding, mooie stoffen, kwaliteit en details. De man die ik in gedachten heb wanneer ik ontwerp is sexy, niet over-styled, hedendaags maar niet te trendy, tijdloos maar niet nostalgisch. Enfin, ik denk of hoop dat heel wat mannen zich hier in kunnen vinden.

Heb je bij het ontwerpen soms iemand in het bijzonder in gedachten? Een bepaald icoon, bedoel je? Neen, ik werk voornamelijk vanuit de buik. Een plakboek vol muzen hou ik er niet op na. Maar je wil waarschijnlijk toch een naam? Okay dan maar: Serge Gainsbourg, of Jacques Dutronc. Allebei niet bepaald moeders mooiste maar wel bedeeld met tonnen charisma en twee venten met stijl.

David Lynch

Je maakte de voorbije jaren enkele uitstapjes richting theater. Hoe ben je in dat wereldje gerold? Voornamelijk door vrienden en kennissen die er thuis zijn, zoals de geweldige Sam Lowyck. Theater is een creatieve bubbel waarin het leuk vertoeven is, helemaal anders dan de modewereld waarin je nooit klaar bent met iets. Theater heeft wél een duidelijk afgetekend begin en eind. Film is ook een wereld waarin ik graag binnen spring. Voor Anyway The Wind Blows mocht ik het personage van actrice Natali Broods kleden en recenter heb ik ook Filip Peeters in het pak gestoken voor Loft. Het is een intrigerend proces, een filmpersonage mee inkleden.

Ame Libre
Regard Passager

Heb je nog werelden in gedachten die je wil aanboren? Wil je ooit, ik zeg maar wat, een fanfare van nieuw tenue voorzien? (enthousiast) Of de uniformen van een luchtvaartmaatschappij ontwerpen! Uniformen spreken tot de verbeelding van iedere modeontwerper. Het is sexy. Uitdagend. Jammer genoeg botst de fantasie en romantiek keihard op de werkelijkheid, want je moet rekening houden met allerlei praktische zaken. Uniformen moeten bij alle seizoenen passen, er goed uitzien in uiteenlopende maten, makkelijk wasbaar zijn en ga zo maar door. Neen, als ik écht mag dromen dan wil ik ooit de kostuums ontwerpen voor een film van David Lynch. Laat maar komen dat telefoontje, ik ben er klaar voor!

(*het correcte antwoord is Marina Yee)

I could be a question in a quiz: who or what are the Antwerp Six? Dries Van Noten, Walter Van Beirendonck, Ann Demeulemeester, Dirk Bikkembergs, Dirk Van Saene... and who was the other one again? Veronique Branquinho maybe? Wrong,... you lose valuable seconds!(*) Branquinho (36) graduated from the same Royal Academy of Antwerp but after this illustrious sextet had put the city on the world's fashion map. The internationally praised designer opened her flagship store in 2003 in the Nationalestraat where she showcases her luxurious men and women's lines.

You threw in your lot with the renowned house Delvaux, as creative director even? What exactly does this position entail? It started with a design request for three handbags for the 2009-2010 autumn/winter collection. After this first collaboration, which went well for all concerned, I was asked whether I wanted to become artistic director. From 2010, I will be at the creative helm of all collections. The three handbags "Ame Libre", "Message Ambigu" and "Régard Passager" will be in Delvaux stores from September.

Will you have enough time for your own collections as well as this demanding job? Don't worry about that (laughs). My contract as lecturer at the University for Applied Arts in Vienna will be over by then which freed up some space in my agenda - and of course I am surrounded by an excellent team!

Cosmopolitan.

Last year a retrospective Moi, Veronique Branquinho TOuTe NUe was organised in the Antwerp Fashion Museum. How important was that moment for you? The retrospective at the MoMu came at the perfect time. Ten years and twenty collections later... In fashion you only think about the future and you rarely think about the past. I was handed the perfect opportunity to take stock and reflect about previous collections. It does something to you to see all you work showcased like that. It felt like the end of a chapter and the start of a new one.

When you're abroad, do you introduce yourself as Belgian, Flemish or from Antwerp? I usually say I am Belgian. I am proud of my background and our country which is a nice place to live in. Antwerp is and remains my basis but actually my real roots lie elsewhere. Vilvoorde is my native town. (quickly) But of course I studied at the Royal Academy of Fine Arts and I've lived in Antwerp for 15 years, which of course creates a special bond with the city.

Antwerp is a cosmopolitan village. The biggest advantage is also its biggest disadvantage: you find all the facilities of a real metropolis but also the warmth and charm of a village, including the village mentality. Grand in smallness or small in its grandness, it just how you look at it.

No oil painting

Is there such a thing as an Antwerp dress code? There is definitely an 'Antwerp style'. There is clear difference with the streets of, let's say, Brussels and Ghent. Antwerp's street style is more fashionable and 'studied' nonchalant, much less alternative-retro than Ghent but not as smart as Brussels.

A lot of Flemish rockers wear Branquinho designs, what attracts them to your clothing? I think you should ask them that themselves' (laughs). Personally, I think it is very important to design for "real" men - and women - and not just for fashion victims. Men who have both feet solidly planted on the ground, who are impassioned about something. That 'something' need not be fashion, but they do pay attention to well designed clothing, nice materials, quality and details. The man I have in mind when I design is sexy, not over-styled, contemporary but not too trendy, timeless but not nostalgic. Anyway, I think or hope that many men can find themselves in this description.

When you design do you sometimes have a particular person in mind? Like some icon, you mean? No, it's mostly gut feeling. I don't have a scrapbook full of muses. But I suppose you want a name? Okay then: Serge Gainsbourg, or Jacques Dutronc. Not exactly what you call oil paintings but with heaps of charisma and two guys with style.

David Lynch

Over the past years you made a number of theatre excursions. How did you end up in this sector? Mostly through friends and acquaintances who know the sector, such as the incredible Sam Lowyck. Theatre is a creative bubble which is a nice place to be, very different from fashion where you are never done. Theatre has a clearly defined beginning and end. Film is also a sector I like to dip into. For Anyway The Wind Blows I dressed the character of actress Natali Broods and more recently I dressed Filip Peeters for Loft. Dressing a movie character is an intriguing process.

Are there any other sectors you would like to tap? Would you ever, I don't know, want to dress a brass band? (enthusiastically) Or design the uniforms of an airline company! Uniforms appeal to the imagination of any fashion designer. They're sexy. Challenging. Unfortunately, imagination and romance conflict harshly with reality because you need to take into account all kinds of practical things. Uniforms need to be suitable for all seasons, look good in different sizes, easy to wash, etc. etc. No, if I really had a choice I'd like to design the wardrobe for a David Lynch film. Pick up the phone, I'm ready!

(* the correct answer is Marina Yee)

RESTAURANTS Belgen zijn Bourgondiërs en houden van tafelen. Aan restaurants geen gebrek dus! In Antwerpen kunt u eindeloos tafelen en als u wilt elke avond van een andere heerlijke (wereld)keuken proeven. RESTAURANTS Les Belges sont des Bourguignons et aiment les bonnes tables. Les restaurants ne manquent donc pas! A Anvers, vous pourrez aller de table en table et essayer chaque soir une nouvelle cuisine (du monde). RESTAURANTS Belgians love their food and drink. There is certainly no lack of restaurants in Antwerp! In this city you can dine into the wee hours and try different and delicious (fusion) food every evening.

HUNGRY HENRIETTA

BRASSERIE | 45

NL Echte familiezaak met traditie & stijl die haar vast modeminnend cliënteel feilloos combineert met aandacht voor pure basisproducten & gerechten met ziel. Eén van de best bewaarde geheimen van de stad. FR Ce commerce familial de tradition & style accueille une clientèle branchée et accorde une grande attention aux produits de base purs & aux mets de caractère. Un des secrets les mieux gardés de la ville. EN Real family business with tradition & style that flawlessly combines its fixed fashion loving clientele with attention for pure ingredients & dishes with soul. One of the best kept secrets of the city.

↗ LOMBARDENVEST 19, 2000 ANTWERPEN ↗ 03 232 29 28 ↗ WWW.HUNGRYHENRIETTA.BE

HOFSTRAAT 24

RESTAURANT | 46

NL Gezellig en tegelijk democratisch tafelen op niveau, het kan gelukkig nog en dat dankzij een verfijnde topkeuken die harmonieus strookt met het moderne en warme kader van dit bijzonder sfeervolle pand. FR Table de qualité agréable et démocratique, dont la fine cuisine contraste harmonieusement avec le cadre moderne et chaleureux de cet endroit à l'ambiance particulière. EN Fun and budget-friendly high-end food. This refined top cuisine complements the modern and warm setting of this very attractive building. ↗ HOFSTRAAT 24, 2000 ANTWERPEN ↗ 03 225 05 45 ↗ WWW.HOFSTRAAT24.BE

FERRIER 30

LA VERA CUCCINA ITALIANA | 47

NL De verfijnde Italiaanse keuken in een hip en trendy, hedendaags kader. Aantrekkelijke kaart doorspekt met verrukkelijke specialiteiten uit Sardinië zoals Vitello Tonato, Bistecca of Ravioli van Lagustines. FR Une fine cuisine italienne dans un cadre contemporain branché. Une carte attirante avec de charmantes spécialités de Sardaigne telles que le Vitello Tonato, Bistecca ou Ravioli de langoustines. EN Refined Italian food in a trendy, contemporary setting. Attractive menu interspersed with delicious specialities from Sardinia such as Vitello Tonato, Bistecca or Ravioli of Lagustines. ↗ LEOPOLD DE WAELPLAATS 30, 2000 ANTWERPEN ↗ 03 216 50 62

DÔME

RESTAURANT | 48

NL Vooruitstrevende klassieke Franse keuken in een prachtig & beschermd art-nouveau monument. Dôme sur mer staat voor schaal- & schelpdieren in een losse bistrosfeer en Domestic voor de betere bakker-kruidenier. FR Cuisine française classique et avant-gardiste dans un superbe bâtiment Art nouveau classé. Dôme sur mer pour les fruits de mer dans un cadre bistro décontracté. Domestic : viennoiseries, épices. EN Progressive classic French cuisine in a beautiful & protected art-nouveau monument. Dôme sur mer stands for shellfish in an informal bistro atmosphere and Domestic for quality baker-grocer. ↗ GROTE HONDSTRAAT 2, 2018 ANTWERPEN ↗ 03 239 90 03 ↗ WWW.DOMEWEB.BE

ARTE

RISTORANTE | 49

NL Klassevol en kunstminnend Italiaans restaurant. Dat merkt u meteen aan de lopende tentoonstellingen en de verfijnde keuken die enkel met authentieke ingrediënten werkt. Zelfs de beste pizza vindt u hier. FR Restaurant italien de classe et amateur d'art. On le remarque immédiatement aux expositions en cours et à sa cuisine fine à base d'ingrédients authentiques. Vous trouverez également des pizzas. EN Classy and art-loving Italian restaurant. You can tell by the regular exhibitions and refined food prepared only with authentic ingredients. They even serve the best pizza in town. ↗ SUIKERRUI 24, 2000 ANTWERPEN ↗ 03 226 29 70

MAMPOKO BRASSERIE - RESTAURANT | 50

NL Een onweerstaanbare liefde voor verrassende en gevarieerde traditionele keukens van hier & daar, pure ingrediënten & vergeten klassiekers verwerkt in vingerlikkende gerechten, broodjes en ontbijtjes. Doen! FR Un amour absolu des cuisines traditionnelles étonnantes et variées, des produits naturels & classiques oubliés concoctés dans des plats, sandwiches et petits déjeuners succulents. À ne pas manquer ! EN An irresistible love for surprising and varied traditional food from here & there, pure ingredients & forgotten classics in finger-licking good dishes, sandwiches and breakfast. A must! ↗ AMERIKALEI 8, 2000 ANTWERPEN ↗ 03 257 77 10

BERNARDIN

RESTAURANT | 51

NL Elegante parel met stadstuin onder de monumentale toren van de Sint-Jacobskerk & verfijnde klassieke keuken met hedendaagse toets die vlot varieert van trio van ganzenlever tot verfijnde visgerechten. FR Une perle élégante avec jardin urbain sous les tours monumentales de Sint-Jacob. Fine cuisine classique avec une note contemporaine, allant du trio de foie gras aux plats raffinés de poisson. EN Elegant gem with city garden under the monumental tower of the Sint-Jacobskerk & refined classic food with contemporary touch varying from trio of foie gras to refined seafood. ↗ SINT-JACOBSSTRAAT 17, 2000 ANTWERPEN ↗ 03 213 07 00 ↗ WWW.RESTAURANTBERNARDIN.BE

BIEN SOIGNÉ

RESTAURANT | 52

NL Pure verwennerij met zuivere gerechten, bereid van verse ingrediënten in een knus kader, pal in het oude stadscentrum. 's Middags lunchmenu en 's avonds 3, 4 of 5 gangenmenu's. Reserveren is de boodschap! FR 100 % de plaisir avec des plats purs, à base d'ingrédients frais, dans un cadre douillet, en plein centre de la vieille ville. Menu lunch à midi, 3, 4 ou 5 services le soir. Réservation nécessaire ! EN Absolute indulgence with pure dishes, prepared using fresh ingredients in a comfortable setting, smack in the centre. Lunch menu and 3, 4 or 5 course dinner menus. Booking is recommended! ↗ KLEINE MARKT 9, 2000 ANTWERPEN ↗ 03 293 63 18 ↗ WWW.BIEN-SOIGNE.BE

PUUR PERSONAL COOKING GEMOEDELIJK GASTRONOMISCH | 53

NL Gevatte, Frans getinte keuken in weldoordacht concept. De gastheer brengt rust, kookt & serveert tegelijk. Extra aandacht voor sfeer, verse groenten & charmante wijnkaart. Elke week 1 lunch- en avondmenu. FR Cuisine rapide aux accents français dans un concept bien étudié. Patron en salle & au fourneau. Cadre soigné, légumes frais & charmante carte des vins. Chaque semaine 1 menu lunch et 1 menu du soir. EN Great food with French accents and thought about concept. The relaxed host is both chef & waiter. Extra attention for atmosphere, fresh vegetables & great wine list. One lunch and evening menu every week. ↗ EDWARD PECHERSTRAAT 51, 2000 ANTWERPEN ↗ 0495 83 24 87 ↗ WWW.PUURPERSONALCOOKING.BE

LES SAVEURS DE YAMADA

JAPANS RESTAURANT | 54

NL Creatieve & gezonde gerechten gebaseerd op de "Kaiseki Ryori". Degustatiemenu's met vooral biologische ingrediënten maken u 's avonds vertrouwd met Japans tafelen zoals het hoort. 's Middags enkel lunch. FR Plats créatifs & sains basés sur le « Kaiseki Ryori ». Les menus gastronomiques composés surtout de produits biologiques feront de vous un inconditionnel des repas japonais. Le midi, lunch uniquement. EN Creative & healthy food based on the "Kaiseki Ryori". Gourmet menus with mainly organic ingredients for a genuine Japanese dinner experience. Lunch menu available. ↗ KRONENBURGSTRAAT 31, 2000 ANTWERPEN ↗ 03 226 62 42 ↗ WWW.SAVEURSDEYAMADA.COM

L'ÉPICERIE DU CIRQUE

RESTAURANT | 55

NL Internationale keuken met een liefde voor seizoensgebonden streekproducten geserveerd in de ongedwongen & ontspannen sfeer van dit art-nouveau gebouw. Aantrekkelijk lunchmenu geprezen door Gault-Millau. FR Cuisine internationale privilégiant les produits régionaux de saison, servie dans le cadre décontracté & relaxant de ce bâtiment Art nouveau. Menu lunch attrayant salué par le guide Gault-Millau. EN International cuisine with a penchant for seasonal and regional products served in the informal & relaxed atmosphere of an art-nouveau building. Attractive lunch menu recommended by Gault-Millau. ↗ LEOPOLD DE WAELSTRAAT 7, 2000 ANWERPEN ↗ 03 238 05 71 ↗ WWW.LEPICERIEDUCIRQUE.BE

FISK BOUTIQUE

LUNCH OF HEALTHY MAKE AWAY | 56

NL Dagny Ros Asmundsdottir verrast elke dag met haar verse IJslandse visbereidingen & -delicatessen. Stel zelf uw maaltijd samen voor thuis of lunch ter plekke. Ook uw favoriete dagverse vis kan u bestellen. FR Dagny Ros Asmundsdottir surprend avec ses préparations et mets islandais au poisson. Emportez votre repas ou dînez sur place. Vous pouvez aussi commander votre poisson frais du jour préféré. EN Dagny Ros Asmundsdottir surprises you every day with her fresh Icelandic fish preparations & delicacies. Put together your own meal, to go or to eat there. You can also order your favourite fresh fish. ↗ KASTEELPLEINSTRAAT 6, 2000 ANTWERPEN ↗ 03 238 86 00 ↗ WWW.FISKBOUTIQUE.BE

DE BROERS VAN JULIENNE

VEGETARISCH RESTAURANT | 57

NL Al 15 jaar een vaste waarde als het om gevarieerd & verrassend vegetarisch kokkerellen gaat. Dagelijks ruime keuze gerechten (incl. vis), groente -en zoete taarten die u ook mee kunt nemen. Groen terras. FR Une valeur sûre depuis 15 ans en matière de cuisine végétarienne variée & étonnante. Chaque jour, grand choix de plats (e.a. poisson), tartes aux légumes et sucrées. Plats à emporter. Terrasse verte. EN An established name for varied and surprising vegetarian food for the last 15 years. Wide choice of dishes every day (incl. fish), savoury and sweet pies, take-away also. Outdoor seating in green garden. ↗ KASTEELPLEINSTRAAT 45-47, 2000 ANTWERPEN ↗ 03 232 02 03 ↗ WWW.DEBROERSVANJULIENNE.BE

FISKEBAR

FISH RESTAURANT | 58

NL Leuk en spontaan tafelen in stijl met een (h)eerlijke viskeuken die elke bezoeker inpakt (willen of niet). Alles ultravers en dat smaak je, van de gegrilde vis tot plateaux fruit de mer. Verplichte kost! FR Repas jovial, spontané dans un cadre stylé. Cuisine honnête, exquise qui emballera le client (délibérément ou non). Mets ultra-frais et goûteux : poisson grillé, plateaux de fruits de mer. Courez-y ! EN Fun and spontaneous dining in style with honest food that charms every visitor (want it or not). All extremely fresh, from the grilled fish to plateaux fruit de mer. A must! ↗ MARNIXPLAATS 12/13, 2000 ANTWERPEN ↗ 03 257 13 57 ↗ WWW.FISKEBAR.BE

L'ISOLA DI GIO

ITALIAANS RESTAURANT | 59

NL Giorgio Pinna, afkomstig van Giba op het eilandje Sardinië, laat u met zijn kookkunsten de échte Italiaanse, Mediterrane keuken proeven. Die varieert van de eigengemaakte pasta-recepten van mama Pinna (met oa. Spaghetti alle Vongole Veraci con Bottarga!) tot heerlijke en origineel gepresenteerde visgerechten. EN Giorgio Pinna, who hails from Giba, Sardinia, lets you sample the real Italian, Mediterranean cuisine. It varies from mama Pinna's own pasta recipes (including Spaghetti all Vongole Veraci con Bottarga!) to delicious seafood with an original presentation. ↗ BORDEAUXSTRAAT 11, 2000 ANTWERPEN ↗ 03 203 09 05 ↗ WWW.ISOLADIGIO.BE

YAMAYU SANTATSU

JAPANESE RESTAURANT | 60

NL In gemoedelijke sfeer wordt met veel zorg échte traditioneel Japanse keuken geserveerd, zoals heerlijke sushi en krakend verse rauwe vis. Japanse gasten naast u aan de eettoog gelden als beste kwaliteitslabel. FR Cuisine japonaise traditionnelle (de délicieux sushis et du poisson cru frais) servie dans une atmosphère conviviale. Les Japonais mangeant au comptoir sont le meilleur label de qualité. EN In a pleasant atmosphere real Japanese food is prepared with great care, such as delicious sushi and amazingly fresh raw fish. Japanese guests sitting next to you at the counter are the best quality label. ↗ OSSENMARKT 19, 2000 ANTWERPEN ↗ 03 234 09 49 ↗ WWW.GEOCITIES.COM/SANTATSUANT

12, PLACE DU MARCHÉ

RESTAURANT | 61

NL Tegenover de stadsschouwburg serveren Chef Thomas en zijn vriendin Audrey kraakverse klassiekers met pit en inventieve mediterrane gerechten. Het warme en moderne interieur maken het plaatje compleet! FR Face au théâtre, le Chef Thomas et son amie Audrey servent des classiques ultra- frais et des plats méditerranéens inventifs. L'intérieur chaud et moderne achève de rendre l'endroit agréable. EN Opposite the city theatre, Chef Thomas and his girl-friend Audrey serve gutsy fresh classics and inventive Mediterranean dishes. The warm and modern interior complete the picture. ↗ NIEUWSTAD 12, 2000 ANTWERPEN ↗ 03 707 11 29 ↗ WWW.12PLACEDUMARCHE.BE

HUIS DE COLVENIER

RESTAURANT | 62

NL Al 20 jaar een echte smaakmaker, gevestigd in een triomfantelijke patriciërswoning met zomerterras, wintertuin en een unieke wijnkelder die de dagverse topkeuken van Chef Patrick van Herck perfect aanvult. FR Lanceur de mode depuis 20 ans, au cœur d'une vaste maison patricienne avec terrasse, jardin d'hiver et cave à vin unique accompagnant à merveille la cuisine fine et fraîche du Chef Patrick van Herck. EN A trend-setter for the last 20 years, established in a patrician house with summer terrace, winter garden and a unique wine cellar which complements chef Patrick van Herck's gourmet food perfectly. ↗
SINT-ANTONIUSSTRAAT 8, 2000 ANTWERPEN ↗ 03 226 65 73 ↗ WWW.COLVENIER.BE

DE PEERDESTAL

DE PEERDESTAL

RESTAURANT | 63

NL Frans-Belgische keuken met uitstekende prijs/kwaliteitsverhouding, verstopt in een mooi straatje. Populair maandmenu vanaf 42,5€ met aperitief, wijn, keuze uit 4 voor-, hoofd- en nagerechten + espresso. FR Cuisine franco-belge nichée dans une jolie petite rue. Excellent rapport qualité/prix. Menu mensuel très prisé à p. de 42,5€ avec apéritif, vin, choix parmi 4 entrées, plats et desserts + expresso. EN French-Belgian cuisine with excellent price/quality ratio, ensconced in a narrow street. Popular monthly menu from 42.5€ with aperitif, wine, choice of 4 starters, main courses and desserts + espresso. ↗ WIJNGAARDSTRAAT 8, 2000 ANTWERPEN ↗ 03 231 95 03 ↗ WWW.DEPEERDESTAL.BE

DEN ABATTOIR

RESTAURANT | 64

NL Pal over het slachthuis, dus een topadres voor zuivere vleesgerechten. Op de suggestiekaart pronken echter ook altijd heerlijke visgerechten. Ideaal voor de geslaagde zakenlunch of een gezellig avondje uit. FR Juste face à l'abattoir, une bonne adresse pour des viandes fraîches. De délicieux plats de poisson peuvent apparaître dans les suggestions. Idéal pour un repas d'affaires réussi ou une sortie agréable. EN Right opposite the abattoir, a great address for meat lovers. Delicious seafood is also always on the suggestion menu. Ideal for business lunches or a fun evening out. ↗ LANGE LOBROEKSTRAAT 65, 2060 ANTWERPEN ↗ 03 271 08 71 ↗ WWW.ABATTOIR.BE

HIPPODROOM

RESTAURANT | 65

NL Inspirerend & verlicht herenhuis met oog voor mens en detail. Inventieve keuken, gestoeld op een fijne Frans-Belgische traditie die knipoogt naar wereldgastronomie en een internationale wijnkaart. FR Maison de maître ravissante & lumineuse. Aux petits soins pour la clientèle. Cuisine inventive de pure tradition franco-belge aux accents de gastronomie du monde. Carte des vins internationale. EN Inspiring and lit 19th century house with attention for people and detail. Inventive cuisine, based on fine French-Belgian tradition with a wink to world gastronomy and an international wine list. ↗ LEOPOLD DE WAELPLAATS 10, 2000 ANTWERPEN ↗ 03 248 52 52 ↗ WWW.HIPPODROOM.BE

O'TAGINE

MAROKKAANS RESTAURANT | 66

NL Vaste waarde dankzij een verfijnde, traditionele Marokkaanse keuken. Attente & vlotte bediening in een sfeervol herenhuis met binnenkoer & lounge. Ook de evenementen catering is een absolute aanrader. FR Une valeur sûre pour sa cuisine marocaine raffinée et traditionnelle. Service rapide et soigné dans une très jolie maison de maître avec cour intérieure & espace lounge. Excellent service traiteur. EN Established name thanks to its refined and traditional Moroccan food. Attentive & smooth service in a warm 19th century house with courtyard & lounge. The events catering is an absolute must. ↗ LEOPOLD DE WAELSTRAAT 20, 2000 ANTWERPEN ↗ 03 237 06 19 ↗ WWW.O-TAGINE.BE

RED

MODERN ASIAN CUISINE | 67

NL Geïnspireerd op de Japanse en Chinese keuken, van lunch bentoboxen, diners à la carte tot gangenkeuzemenu. Zowel 's middags als 's avonds sushi, sashimi en Asian lounge bites. Alles naar hartelust te combineren. FR Inspiré par le Japon et la Chine, des bentos aux menus plusieurs services, en passant par les repas à la carte. Sushi, sashimi et Asian lounge bites, à midi et le soir. Tout se combine à l'envi. EN Inspired by Japanese and Chinese cuisine, from lunch bento boxes, dinners à la carte to a choice of menu. Both lunch and dinner, sushi, sashimi and Asian lounge bites. And everything can be combined. ↗ ERNEST VAN DIJCKKAAI 13-14, 2000 ANTWERPEN ↗ 03 475 03 35 ↗ WWW.REDGROUP.BE

L'ENTREPÔT DU CONGO

BRASSERIE-RESTAURANT | 68

NL Frans-Italiaanse keuken (van broodjes, pasta tot konijn) in grand-café sfeertje met typerend ruimte- & lichtspel. Divers publiek, voor velen een ideaal begin van de dag. Leuk terras, resto op 1e verdieping. FR Cuisine franco-italienne (pain frais, pâtes, lapin). Ambiance grand café avec jeu d'espaces & de lumières typique. Idéal pour commencer la journée. Public éclectique. Jolie terrasse, resto au 1er étage. EN French-Italian cuisine (from bread and pasta to rabbit) in grand-cafe setting with typical play of light and space. Varied clientele, for many the ideal start to the day. Great terrace, restaurant on 1st floor. ↗ VLAAMSEKAAI 42, 2000 ANTWERPEN ↗ 0475 52 82 15 ↗ WWW.ENTREPOTDUCONGO.COM

VIA VIA

EETCAFÉ | 69

NL Avontuurlijke keuken die bekoort met gerechten van chili con carne tot dagverse soep. Frisse cocktails + aparte ruimtes voor groepen (verjaardag, buffet, vergadering...) Akoestische live jams op maandag. FR Cuisine aventureuse qui séduit par des plats allant du chili con carne au potage du jour. Cocktails frais + espaces réservés aux groupes (anniversaire, buffet, réunion...) Miniconcerts acoustiques le lundi. EN Pleasing and adventurous cuisine with dishes ranging from chilli con carne to fresh soup. Fresh cocktails + separate areas for groups (birthdays, buffets, meetings...). Acoustic live jams on Monday. ↗ WOLSTRAAT 43, 2000 ANTWERPEN ↗ 03 226 47 49 ↗ ANTWERPEN.BELGIUM@VIAVIACAFE.COM

I FAMOSI

TRATTORIA | 70

NL Gezelligheid troef in deze typische Romeinse trattoria, waar u tafelt ten midden van Italiaanse filmsterren. Chef Fabio Gambone serveert eerlijke Italiaanse keuken, altijd vergezeld van een goed glas wijn. FR La convivialité est l'atout de cette trattoria romaine typique où l'on mange entouré de stars du cinéma italien. Le Chef Fabio Gambone sert une cuisine honnête, toujours accompagnée d'un bon vin. EN A friendly and warm typical Roman trattoria, where you are surrounded by Italian film stars. Chef Fabio Gambone serves honest Italian food, always accompanied with a good glass of wine. ↗ STEENBERGSTRAAT 11, 2000 ANTWERPEN ↗ 03 231 29 01 ↗ WWW.IFAMOSI.BE

FOGOS

CHURRASCARIA & EVENT CATERING | 71

NL Voor 29,90€ neemt deze zintuiglijke totaalervaring u met een smakelijk buffet à volonté mee naar de uitgestrekte pampa's van Brazilië, waar een attente staf u met typische op steenkool bereide vlees, vis- en vegetarische gerechten aan tafel verwent. Ook de catering geeft vonken. Stel u diezelfde traditionele keuken en authentieke ambiance voor. Voeg daar nog eens de vurige Braziliaanse danseressen en percussie als optie aan toe en uw feest of evenement verandert in onvergetelijk festijn. FR Pour 29,90€ un succulent buffet à volonté. Cette expérience sensorielle totale vous emmène dans la vaste pampa brésilienne, où un personnel attentif vous gâte avec des plats typiques végétariens, de poisson ou de viande grillée. Le catering aussi fait des étincelles. Une cuisine traditionnelle et une ambiance authentique. Ajoutez-y d'envoutantes danseuses et percussions brésiliennes et votre soirée ou évènement se transforme en une fête inoubliable. EN For 29.90€ this sensory total experience buffet à volonté transports you to the vast pampas of Brazil and an attentive staff serves charcoal grilled meat, fish and vegetarian dishes. The catering also goes with a bang! Imagine the same traditional cuisine and authentic ambiance and add (optional) fiery Brazilian dancers and percussion and your party or event changes into an unforgettable feast. ↗ BORDEAUXSTRAAT 7C, 2000 ANTWERPEN ↗ 03 232 47 23 ↗ WWW.FOGOS.BE

ZUID CAFÉ

BRASSERIE - EETCAFÉ | 72

NL Stijlvolle update van een het begrip "bruine kroeg" & ontmoetingsplaats voor een hip volkje van alle leeftijden. De kaart varieert van tapas, pasta's tot salades of wokgerechten. Zonnigste terras van de stad. FR Modernisation raffinée du concept de café brun & lieu de rencontre d'un public branché de tout âge. À la carte : tapas, pâtes, salades ou plats au wok. La terrasse la plus ensoleillée de la ville. EN Stylish update of the traditional pub concept & meeting place for a funky crowd of all ages. The menu varies from tapas and pastas to salads or wok dishes. Sunniest terrace of the city. ↗ VOLKSTRAAT 69, 2000 ANTWERPEN ↗ 03 248 81 89

TABL'EAU

BISTRO | 73

NL Klassieke Belgisch-Franse keuken die ongecompliceerd lekkere gerechten aanvult met attente bediening en charmante suggesties. Overdag ideaal voor zowel een grote als kleine honger. 's Avonds resto pur sang. FR Cuisine classique franco-belge. Plats simples et savoureux agrémentés d'un service soigné et de charmantes suggestions. Idéal en journée pour un en-cas ou un bon repas. Le soir, resto pur jus. EN Classic Belgian-French cuisine which complements uncomplicated delicious food with a personal service and great specials. During the day, both snacks and à la carte. In the evening, restaurant pur sang. ↗ HOOGSTRAAT 71, 2000 ANTWERPEN ↗ 03 227 11 89

'T KANEEL

FOODBAR & LOUNGE | 74

NL Chef-eigenaar Gopi verwent u met zijn heerlijke Frans-Belgisch-Medtierrane fusion-keuken tegen interessante prijzen. Zomerterras en op de kaart vis- en vleesspecialiteiten, seizoensmenus tot zakenlunches. FR Le chef & propriétaire Gopi vous offre sa délicieuse cuisine fusion franco-belge et méditerranéenne à prix intéressant. Terrasse d'été et plats de poissons & viandes, menus de saison & repas d'affaires. EN Chef and owner Gopi spoils you with his affordable and delicious French-Belgian-Mediterranean fusion food. Outdoor seating, fish and meat specials, seasonal menus and business lunches. ↗ WAALSE KAAI 32, 2000 ANTWERPEN ↗ 03 248 11 11 ↗ WWW.KANEEL.BE

LOMBARDIA

SINCE 1972 | 75

NL Ook volgens The Wallstreet Journal dé gedroomde start voor een dagje shoppen. Van ontbijt, vegetarische dagschotel, fruitpunch, slaatje of Bio-sandwich tot de beroemde Ginger Love thee... lekker Hip & Gezond!! FR Selon The Wallstreet Journal : le début rêvé d'une journée de shopping. Petit-déjeuner, plat du jour végétarien, punch fruité, salade ou sandwich bio, et enfin, le célèbre Ginger Love thee... Branché et sain!! EN According to The Wallstreet Journal the best start to a day's shopping. Breakfast, vegetarian dish of the day, fruit punch, salad or organic sandwiches and the famous Ginger Love tea... Trendy & Healthy!!

↗ LOMBARDENVEST 78, 2000 ANTWERPEN ↗ 03 233 68 19 ↗ WWW.LOMBARDIA.BE

GRIEKSE TAVERNE

TAVERNE | 76

NL Wie de grote poort door wandelt, ontdekt niet alleen een zalige binnentuin in het hart van de stad maar ook een smaakvolle kaart met eenvoudige Griekse gerechten en wijnen aan erg democratische prijzen. FR En se promenant dans le port, on découvre non seulement un jardin intérieur agréable au cœur de la ville, mais également une carte de goût avec des plats grecs simples et des vins à prix vraiment démocratique. EN As you walk through the big gate, you not only discover an amazing inner court in the heart of the city but also a nice looking menu with simple and affordable Greek dishes and wines.

↗ VLASMARKT 28, 2000 ANTWERPEN ↗ 03 231 87 22

NL Op zoek naar een restaurant in Brugge? Een winkel in Antwerpen waar men Dries Van Noten of Armani verkoopt of een hotel aan de kust? Wij zochten de beste adressen reeds voor u uit! Ook zijn er op onze website elke week mooie prijzen te winnen en houdt de trendblog u op de hoogte van de laatste trends. FR Etes-vous à la recherche d'un restaurant à Bruges ou peut-être d'un magasin à Anvers où trouver Dries Van Noten ou Armani ? Et un hôtel à la côte ? On vous a selectionné les meilleures adresses ! Visitez notre site web, et profitez chaque semaine de nos avantages (cheques cadeaux)... A consultez notre « trendblog » et restez... tendante ! EN Are you looking for a restaurant in Bruges? A shop in Antwerp where you can find Dries Van Noten or Armani ? Or a hotel at the coast? We found the best addresses for you! There is a gift cheque to be won in our winning section ánd our trendblog keeps you posted with the latest trends!

Marie Vinck

Op negenjarige leeftijd huppelde ze voor het eerst over het kleine scherm, in de dramaserie **Moeder, Waarom Leven Wij?**, waarin haar moeder Hilde Van Mieghem een hoofdrol speelde. In 2004 regisseerde Van Mieghem dochterlief in **De Kus**, een rol waarvoor ze unaniem superlatieven sorteerde. Na gesmaakte passages in **Loft**, **De Smaak Van De Keyser** en **De SM-Rechter** is de ster van Marie Vinck (26) meer dan ooit rijzende, haar wortels blijven echter stevig verankerd in Antwerpse bodem.

Marie Vinck: Sterker nog, vanaf mijn geboorte tot enkele jaren geleden woonde ik in hetzelfde huis, vlak in het centrum. Ik heb nooit iets anders gekend dan Antwerpen en ben erg honkvast. Avonturieren en de wereld rond trekken is voorlopig niet aan mij besteed.

Als we je zien in de bioscoop of op tv valt het nauwelijks op dat je een rasechte Antwerpse bent. Ben je het sinjorendialect machtig? Helemaal niet. Papa en mama spraken thuis altijd heel mooi algemeen beschaafd Nederlands, daar werd veel belang aan gehecht. Ik ken intussen wel enkele typische Antwerpse uitdrukkingen maar die zijn helaas niet voor publicatie vatbaar (lacht).

In het cultuurprogramma LUX op Eén werd je geïntroduceerd middels een filmpje in het Centraal Station. Een speciale plek voor jou? Het Centraal Station is natuurlijk een prachtig bouwwerk maar met de plek zelf heb ik geen bijzondere band. Ik zit wel erg graag op de trein, absoluut dé leukste manier om te reizen. Behalve je laten hypnotiseren door het voorbijgaande landschap en nadenken valt er niks te beleven, ideaal om je hoofd leeg te maken. Op de trein krijg ik mijn meest vruchtbare ideeën of inzichten, ik vind het altijd jammer als de rit alweer ten einde is.

Na het succes van Loft en De Smaak Van De Keyser ben je officieel een Bekend Gezicht. Wordt je vaak aangesproken op straat? Ik denk dat er in Antwerpen een soort onuitgesproken afspraak bestaat die zegt dat BV's met rust worden gelaten (lacht). Je ziet hier natuurlijk veel bekende koppen over straat lopen, het nieuwe is er snel af. Al speelt de typische ieder-voor-zich-mentaliteit van een grootstad ook mee, natuurlijk.

Ontvlucht je het grootstedelijk tumult soms? Voor mij staat of valt Antwerpen met de Schelde. Een heel belangrijk rustpunt in de stad waar ik regelmatig ga uitwaaien. Ik heb zo mijn heimelijke plekjes langs de oever en neen, die ga ik hier niet verklappen.

Bij een vedettestatus horen ook allerhande eretitels en prijzen. Zo werd je door het maandblad Elle gelauwerd met de Elle Style Award voor beste Belgische artiest. Eén van de prettige bijverschijnselen van mijn beroep. Ik vond het erg flatterend om zo in de bloemetjes gezet te worden. Met een heuse 'award' nog wel!

Ligt er thuis steevast een stapel modeblaadjes binnen handbereik? Als ik al eens door zo een magazine blader kijk ik vooral naar de mooie meisjes die erin staan. Ik vind de gezichten vaak interessanter dan de kleren eronder (lacht). Ik ben absoluut geen fashionista.

Je hebt nochtans alle grote Belgische modeontwerpers binnen handbereik. Ja, maar die wegen te zwaar op mijn budget. Op de jaarlijkse stockverkopen van AF Vandevorst of Dries Van Noten ga ik wél eens piepen. Met een beetje geluk vindt je daar een mooi stuk voor een zacht prijsje. De enige modegril die ik mezelf permitteer zijn schoenen, het is een echte verslaving! Mijn favoriet winkeltje is op de Vrijdagmarkt, My Ohm. Daar kom ik zelden buiten zonder een vers paar tweedehands botten. (schrikt) Pas op! Sorry, mijn poes liep hier bijna een vaas omver.

Een poes in het centrum van de stad? Niet bang dat het beestje onder een voorbijrazende bus zal belanden? Langs de achterkant van mijn huis loopt strekt zich een rij buitenterrassen en daktuinen uit die ze in alle veiligheid en vrijheid kan verkennen. Een hond in de stad zou ik niet zien zitten - tenzij je tijd zat hebt voor lange wandelingen op Linkeroever.

Duik je wel eens het nachtleven in? Ik kom soms in Café Capital, maar meestal laat de clubs links liggen en drijf ik mee op het moment. Zo hou ik ervan om een parcours van nachtelijke terrasjes af te leggen, van het Zuid tot de Zurenborgwijk. Ik beland ook vaak in de Pallieter op het Mechelseplein.

Het traditionele stamcafé van de Studio Herman Teirlinck-studenten!
Tja, de Studio is vlakbij gelegen dus hangen er nogal wat acteurs in spe aan de toog. We krijgen er zeker geen korting of zo.

Jij hebt eerst Germaanse Talen gestudeerd en dan pas ben je een acteursopleiding gaan volgen. Waarom? Ik heb het acteurschap zowat met de paplepel binnen gekregen maar ik wilde per se bewijzen dat ik zelf wat in mijn mars had, mijn pad kon bepalen. Vandaar dus die studies Germaanse, met het oog op 'iets' in de journalistiek, hoewel dat nu ook geen grote passie was. Op de koop toe werd ik verschrikkelijk jaloers op de acteurs die ik aan het werk zag in het theater - ík wou daar staan! (lacht). Uiteindelijk heb ik drie jaar acteursopleiding gevolgd, tot ik gevraagd werd voor **Loft**.

Er bestaan heel wat vooroordelen over Studio Herman Teirlinck. Sommige speelopdrachten zouden grenzen aan het onzinnige. Een verliefde kamerplant met griep uitbeelden, ik zeg maar wat. Je moet bereidt zijn om, euh, rare dingen te doen, ja (lacht). Via die soms absurde opdrachten kom je net los van bepaalde remmingen, de bedoeling is om complete vrijheid te vinden in je spel. Het is soms frustrerend dat je hard en subjectief beoordeelt wordt maar dat is in elke soort kunstopleiding zo.

Als één van de coming ladies van de Vlaamse film naar een portie cinema snakt, kiest ze dan voor grote kolos Kinepolis of de kleine indies zoals Cartoons? Ik moet opbiechten dat ik wel hou van een dosis popcorncinema op zijn tijd. Het varieert, soms heb ik meer zin in de gezellig-onder-elkaar-sfeer van de kleinere zaaltjes. De laatste film die ik écht goed vond was Revolutionary Road, met Leonardo Di Caprio en Kate Winslet. Zeer intense film. Je zal me sowieso meer aantreffen in het theater. Niks zo spannend als een verhaal vlak voor je neus tot leven zien komen! Ik ga regelmatig voorstellingen bekijken in de Monty, en ook bij het Toneelhuis en Zuidpool ben ik vaste klant.

Wat staat er voor jou persoonlijk nog op stapel? Twee televisieseries: **Wolven**, voor de VRT, waarin ik een soort huurmoordenares speel, en voor VTM de nieuwe serie **De Rodenburgs**. Daarnaast timmer ik in de Monty aan een nieuwe theatervoorstelling met FC Bergman, een gezelschap dat ik samen enkele ex-klasgenoten van Studio Herman Teirlinck heb opgericht. En in de herfst regisseert mijn mama een nieuwe film, waarin ik een rolletje mag spelen.

Veel tijd voor nachtelijke terrasparcours zit er niet in. Die terrasjes lopen niet weg - en ik voorlopig ook niet!

At the tender age of nine she played here first television part, in the drama series **Moeder, Waarom Leven Wij?**, in which her mother, Hilde Van Mieghem, played a leading role. In 2004, Van Mieghem directed her daughter in **De Kus**, a role for which she received great acclaim. With small parts in **Loft**, **De Smaak Van De Keyser** and **De SM-Rechter**, Marie Vinck (26) is very much in the ascendant. However, she is firmly rooted in Antwerp soil.

Marie Vinck: More so, from my birth up to a number of years ago I lived in the same house, right in the centre. Antwerp is the only place I've known in my life and I like my home. Adventure and seeing the world are not for me just yet.

When we watch you in a movie or on television you can hardly tell you are the real Antwerp deal. Can you speak the Antwerp dialect?
Not at all. Mum and dad always spoke proper Dutch, they believed it to be very important. I do know a number of typical Antwerp expressions but unfortunately they are not suitable for publication (laughs).

In culture show LUX on **Eén** you are introduced in a clip recorded at the Central Station. Is it a special spot for you? The Central Station is of course a beautiful building but I don't have a special bond with the place. I do like being on a train, by far the best way to travel Apart from being hypnotised by the passing landscape and reflecting, there's nothing much to do. It's the perfect place to empty your mind. On the train I also have my most fertile ideas or views, I'm always disappointed when the journey's over.

After the success of Loft and De Smaak Van De Keyser you are officially a well known face. Do people often talk to you on the street? I think Antwerp has this kind of tacit agreement that says Flemish celebrities need to be left alone (laughs). You see lots of well known people here, the novelty soon wears off. Although the typical individualistic mentality of a metropolis also has something to do with this of course.

Do you ever escape the city? For me Antwerp is all about the Scheldt. A very important place of rest in the city where I regularly go for fresh air. I have my secret spots along the bank and before you ask, no, I won't tell you what they are.

Honorary titles and prizes are part and parcel of celebrity status. From monthly magazine Elle you received the Elle Style Award for best Belgian artist. One of the nice side effects of my job. I found it all very flattering to be awarded the prize.

Do you always have a pile of fashion magazines within reach at home? The few times I actually browse through a fashion magazine I mostly look at the pretty faces. Often, I find the faces more interesting than the clothes (laughs). I am not a fashionista by any means.

But all big Belgian fashion designers are just outside the door. Yes, but they are not good for my budget. I do usually have a peep at the annual AF Vandevorst or Dries Van Noten' stock sales. With a bit of luck you can find affordable pieces there. The only fashion vice I allow myself are shoes, they're a real addiction! My favourite store is on the Vrijdagmarkt, My Ohm. I rarely walk out without a new pair of second-hand boots. (startled) Watch it! Sorry, my cat nearly knocked over a vase.

A cat in the centre of town? Not afraid the creature might end up under a bus? A row of outside balconies and roof gardens run along the back of my house which she is able to explore safely and freely. A dog in the city I don't think is possible - unless you have time for long walks on the Left bank.

Do you like to sample the nightlife? I sometimes go to Café Capital, but usually I don't go to clubs and let myself go with the flow. I love dipping in and out of a string of places at night, going from the Zuid to Zurenborg. I also often end up in the Pallieter on the Mechelseplein.

The pub frequented by Studio Herman Teirlinck students since time immemorial! Well yes, the school is just around the corner so a lot of potential actors can be found at the bar. They don't give us a discount or anything you know.

You first studied Germanic Languages and only then went to acting school. Why? Acting was practically force fed into me but I really wanted to prove that I had something going for myself, that I could determine my own path. Hence Germanic studies, with a view to doing 'something' in journalism, although it's not a big passion of mine. Moreover, I was incredibly jealous of the actors I saw at work in the theatre - which is where I wanted to be! (laughs). In the end I followed three years of actor's training before I was asked for **Loft**.

A lot of people are prejudiced about Studio Herman Teirlinck. Some of the assignments are bordering on the insane. Pretend you're houseplant whose in love with flu, for instance. You need to be prepared to do, ehm, strange things, that's true (laughs). These sometimes absurd assignments release you from certain inhibitions, the idea is to find complete freedom in your acting. It can be frustrating that you are assessed harshly and subjectively but it's the same in any art school.

If one of the coming ladies of Flemish film wants to watch a movie does she choose for the big colossus Kinepolis or the small indies such as Cartoons? I must admit I do like a regular dose of popcorn cinema from time to time. It varies, sometimes I am more in the mood for smaller movies. The last film I really enjoyed was Revolutionary Road with Leonardo Di Caprio and Kate Winslet. A very intense film. You're more likely to find me at the theatre. Nothing as exciting as seeing a story unfold right in front of you! I often watch performances in the Monty, and I am also a regular at the Toneelhuis and Zuidpool.

What's in the pipeline for you personally? Two television series. **Wolven**, for VRT, where I play a kind of hired assassin, and for VTM a new series called **De Rodenburgs**. And in the Monty I am working on a new theatre show with FC Bergman, a company I founded with my ex- Studio Herman Teirlinck classmates. And in the autumn my mother is directing a new film in which I have a small part.

Not much time for that string of pubs then. The pubs aren't going anywhere - and nor am I for the time being!

KINDEREN In Antwerpen zullen kinderen zich niet gauw vervelen. Vlakbij het station ligt immers de Antwerpse zoo. Zo schenkt Antwerpen u meteen de ideale familie-uitstap. Ook een boottocht op de Schelde is iets wat u perfect met de kids kunt doen. ENFANTS Il est difficile pour un enfant de s'ennuyer à Anvers. Juste à côté de la gare se trouve le zoo. Anvers vous offre ainsi immédiatement l'excursion familiale idéale. Une balade en bateau sur l'Escaut est également une bonne manière de distraire les enfants. KIDS In Antwerp, kids are not likely to get bored easily. The Antwerp zoo is next to the central station, and is the perfect family excursion. Kids also love boat trips on the Scheldt.

TOYS 4 STARS

SPEEL GOED | 77

NL Een breed & uniek aanbod van het betere speelgoed waarin elementen als creatief, solide, leerzaam en ecologisch vaak terugkeren, maar waar de "Fun Factor" voor kids en persoonlijk advies primeren. FR Sélection diversifiée & unique des meilleurs jouets. Mise en avant des aspects créatifs, solides, éducatifs et écologiques, mis aussi du « facteur plaisir » pour les enfants. Conseils personnalisés. EN An extensive & unique offer of quality toys where creative, solid, instructive and ecological aspects are recurrent themes, but where the "Fun Factor" for kids and personal advice prevail. ↗ KRONENBURGSTRAAT 8-10, 2000 ANTWERPEN ↗ 03 290 87 81 ↗ WWW.TOYS4STARS.COM

KAYO

A KIDS CONCEPT | 78

Little Marc, Gaultier Jr, Makié, Tuss, PopUpShop, Finger in the Nose, Album di Famiglia, Kid Kustoms... NL Stijlvolle ouders vinden in deze rake mix & match van speelgoed, accessoires, meubels en fashion alles om hun bagage aan de kids door te geven. Ook online geboortelijsten. FR Les parents branchés pourront transmettre leurs goûts avec ce mix de jouets, accessoires, meubles et vêtements. Listes de naissance. EN Stylish parents will find what they need in this great mix & match of toys, accessories, furniture and fashion for their kids. Also online baby wish lists. ↗ MUSEUMSTRAAT 31-33, 2000 ANTWERPEN ↗ 03 237 72 00 ↗ WWW.KAYO.BE

BEAUTY & HEALTH Fitnesscentra rijzen in elke buurt uit de grond met vaak uitgebreide health-faciliteiten. Ook voor massages en exclusieve wellness-behandelingen vindt u in Antwerpen schitterende verwenadresjes. BEAUTE & SANTE Des centres de fitness émergent dans tous les quartiers et offrent de nombreux services de remise en forme. Vous trouverez également à Anvers des adresses extraordinaires proposant des massages ou des traitements de bien-être exclusifs. BEAUTY AND HEALTH Fitness centres, often with extensive health facilities, have sprung up in every neighbourhood. Antwerp also has great pampering addresses for massages and exclusive wellness treatments.

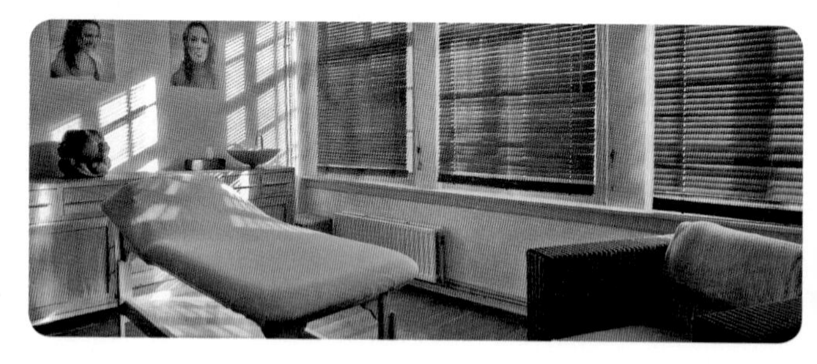

INSIDEOUT BEAUTY INSTITUTE

BEAUTY INSTITUTE | 79

NL Dit instituut vult haar schoonheidsbehandelingen in een warme, huiselijke sfeer aan met producten op basis van anti-oxidanten. U kan er ook terecht voor massages (klassiek / hotstone) & tandenbleaching. FR Dans un cadre chaleureux et accueillant, cet institut propose des traitements de beauté avec des produits à base d'antioxydants. Également massages (classique/pierres chaudes) & blanchiment des dents. EN This institute supplements its beauty treatments in a warm, domestic atmosphere with products based on antioxidants. Massages (traditional / hotstone) & teeth bleaching also provided. ↗ LANGE KOEPOORTSTRAAT 8, 2000 ANTWERPEN ↗ 03 707 19 00 ↗ WWW.INSIDEOUTBEAUTYINSTITUTE.BE

INNVITED HAIRDESIGN

KAPSALON | 80

NL Nieuw & trendy kapsalon voor mannen, vrouwen en kinderen dat uw haar enkel verwent en beschermt met de beste biologische producten. Elke derde vrijdag van de maand een speciale Ladies Night ! (zie website) FR Nouveau salon branché pour hommes, femmes et enfants. Vos cheveux y sont choyés et protégés avec les meilleurs produits biologiques. Chaque 3e vendredi du mois, spécial Ladies Night ! (voir site web) EN New & trendy hair dresser's for men, women and children to pamper and protect your hair, only with the best organic products. Special Ladies' Night every third Friday of the month! (see website)

↗ OUDEVAARTPLAATS 45, 2000 ANTWERPEN ↗ 03 232 49 73 ↗ WWW.INNVITED.BE

LE BOUDOIR

FOOD - BEAUTY - WELNESS | 81

NL Een modieus, vrouwelijk publiek geniet van een smakelijke sandwich of salade terwijl ze op een knipbeurt, massage, manicure of de schoonheidsspecialiste van het huis wacht. Uitsluitend AVEDA producten. FR Un public féminin branché savoure un délicieux sandwich ou une salade en attendant une coupe, un massage, une manucure ou le spécialiste beauté de la maison. Produits AVEDA uniquement. EN A fashionable, feminine clientele is able to enjoy a tasty sandwich or salad while waiting for a haircut, massage, manicure or the beautician. Only AVEDA products. ↗ MECHELSESTEENWEG 78 A, 2018 ANTWERPEN ↗ 03 237 08 35 ↗ WWW.LEBOUDOIR.BE

STAN

HAIRDRESSERS | 82

NL Waar sterk knip- en kleuradvies op maat van uw persoonlijkheid en stijl wordt gegeven en dit in een ongedwongen en klantgerichte sfeer. Ook voor hoofdhuidproblemen biedt STAN u een oplossing. FR Conseils sur mesure pour une coupe ou une coloration en fonction de votre personnalité et de votre style. Atmosphère décontractée. Service de qualité. Solution pour les problèmes de cuir chevelu. EN Excellent cutting and colouring advice is tailor-made to your personality and style in a relaxed and customer-oriented setting. STAN also offers solutions for scalp problems. ↗ VLEMINCKVELD 48, 2000 ANTWERPEN ↗ 03 234 97 30

INSTANT SPA

TREATMENT STORE | 83

NL Weet u vooraf wanneer u zich uitgeblust voelt? Daarom kan u hier altijd terecht zonder afspraak. Deze lastminute schoonheidsbehandeling is het verfrissende antwoord. Ook Instant diëten of Instant definitief ontharen kan hier. FR Savez-vous à l'avance quand vous vous sentira fatigué? Ce traitement de beauté est la réponse rafraîchissante. Ici vous pouvez toujours entrer sans rendez-vous. On y trouve également des régimes instantanés ou de l'épilation définitive. EN Do you know in advance when you'll feel burn-out? This beauty treatment is the refreshing answer. Therefore, you are always welcome here without appointment. Also Instant diets or Instant definitive depilation. ↗ SCHRIJNWERKERSSTRAAT 12, 2000 ANTWERPEN ↗ WWW.BODYCENTRUM.BE

BARS & NACHTLEVEN Antwerpen is hip en trendy en dat merkt u ook aan de bars. Vooral op en rond het Zuid wordt het 's avonds gezellig druk. U kunt er terecht voor een aperitief of een gezellige late night-drink voor u ergens in een club de benen losgooit. BARS & VIE NOCTURNE Anvers est branchée et tendance. Cela se voit aussi à ses bars. Le sud surtout est très fréquenté le soir. Vous pouvez y aller simplement pour un apéritif ou aller vous dégourdir les jambes lors d'un agréable late night drink dans un club. BARS & NIGHTLIFE Antwerp is funky and trendy, the bars tell their own story. Particularly on and around the Zuid it gets busy in the evening. You can go there for an aperitif or a late night drink before dancing the night away in a club.

COCKTAILS AT NINE

COCKTAILBAR | 84

NL Net onder de toren van de kathedraal vindt u deze stijlvolle cocktailbar met open haard en twee binnenterrassen. Het creatieve barteam verwent u met de beste cocktails op basis van dagverse ingrediënten en een exquise drankkaart. FR Situé en plein centre-ville, sous le regard bienveillant de la cathédrale ce bar à cocktails stylé offrant feu ouvert et deux terrasses intérieures. L'équipe créative vous gâte avec une carte raffinée et les meilleurs cocktails à base de produits frais. EN This stylish cocktail lounge with open fireplace and two outdoor seating areas is situated nearby the Cathedral. The creative bar team serves the best cocktails using fresh ingredients. Great drinks menu as well. ↗ LIJNWAADMARKT 9, 2000 ANTWERPEN ↗ 03 707 10 07 ↗ WWW.COCKTAILSATNINE.BE

CORDOBAR

MOORSE TAPASBAR | 85

NL De enige Moorse tapasbar van de hele Benelux en meteen ook het meest zuidelijke punt van de stad. Tijdens de zomermaanden verandert de gevel van dit historische pand immers in een heuse openlucht-bar! FR Le seul bar à tapas de style mauresque de tout le Benelux. Il est situé à l'extrême sud de la ville. En été, la façade de ce bâtiment historique se transforme en un véritable bar en plein air ! EN The only Moorish tapas bar of the Benelux and the southern most point of the city. In the summer months the front of this historic building is converted into an open-air bar! ↗ KASTEELSTRAAT 3, 2000 ANTWERPEN ↗ 03 294 95 56 ↗ WWW.CORDOBAR.BE

CAFÉ DELUX

BAR | 86

NL Hedendaagse interpretatie van een bruin café in een trendy jasje. Daar hoort een breed publiek, prima koffie en een goed glaasje wijn bij. Tijdens de zomermaanden groot en prachtig gelegen terras. FR Interprétation contemporaine d'un café brun dans un cadre trendy. Vous y apprécierez un public diversifié, mais aussi un excellent café ou un verre de vin. En été, grande terrasse bien orientée. EN Contemporary interpretation of a traditional pub with a trendy interior. A varied clientele, great coffee and a good glass of wine go without saying. Big terrace in the summer in a great location. ↗ MELKMARKT 18, 2000 ANTWERPEN ↗ 03 232 17 66

DANSING CHOCOLA

EET- EN PRAATCAFÈ | 87

NL Ici Paris. Waai overdag gezellig binnen voor een drankje of hapje. De keuken is open van 10u tot 22u & swingt met huisgemaakte ingrediënten vlot van croque tot tangine of steak. Roken ok. 's Avonds bar sympa! FR Ici Paris. Venez y souffler en journée, avec un verre ou une collation. La cuisine ouvre de 10 à 22h pour un croque, tagine ou steak à base d'ingrédients maison. Fumeurs ok. Un bar sympa en soirée ! EN Ici Paris. Walk in and have a drink or a bite to eat. The kitchen is open from 10 to 22 & makes home-made food ranging from toasted sandwiches to tagine or steak. Smoking ok. Fun bar in the evening!
↗ KLOOSTERSTRAAT 159, 2000 ANTWERPEN ↗ 03 237 19 05

CHATLEROI

CAFÉ | 88

NL A-typische bruine kroeg met vrolijk volks tintje. Overdag heerlijke "bokes" & "koffiekes". 's Avonds druk bezochte ontmoetingsplaats met kleurrijke couleur locale. Elke 1e zondag van de maand live-muziek. FR Un bistrot brun atypique offrant une joyeuse touche populaire. De délicieux cafés et bières toute la journée. Le soir, le lieu se remplit de clients couleur locale. Concert le 1er dimanche du mois. EN A typical traditional 'brown' pub with fun local edge. Delicious "sarnies" & "coffees" during the day. Busy meeting place in the evening and couleur locale. Live music every 1st Sunday of the month. ↗ GRAAF VAN HOORNESTRAAT 2, 2000 ANTWERPEN ↗ 0486 600 459

BLACK PEARL

LOUNGE CLUB | 89

NL Selectieve champagne- en cocktaillounge die u een aangename, luxueuze avond in een elegant decor en een relaxte atmosfeer garandeert. Tevens uitermate geschikte locatie voor bedrijfs- en privé events. FR Bar à cocktails et champagne vous assurant une soirée agréable et luxueuse dans un décor élégant et une atmosphère décontractée. Et une situation parfaite pour les évènements d'entreprise et privés. EN Selective champagne and cocktail lounge, a sure guarantee for a pleasant and luxurious evening in an elegant setting and relaxed atmosphere. Great location for corporate and private events.

↗ BRAZILIËSTRAAT 12A, 2000 ANTWERPEN ↗ 0478 341 857 ↗ WWW.BLACKPEARL.BE

laRiva

EVENT LOCATIES | 90

NL Dit monumentale pand vormt met haar elegant interieur en diverse sfeervolle ruimtes hét gedroomde decor voor al uw events, recepties, seminars, shows, huwelijks-, verjaardags- en bedrijfsfeesten in stijl. FR Avec son intérieur élégant et son atmosphère, ce bâtiment monumental est le décor rêvé pour vos évènements stylés: réceptions, séminaires, spectacles, mariages, anniversaires & fêtes d'entreprise. EN This monumental building, its elegant interior and many rooms with character, is the perfect setting for all your events, receptions, seminars, shows, wedding, birthday and business parties in style. LONDENSTRAAT 52, 2000, ANTWERPEN 03 225 01 02 WWW.LARIVA.BE

BARRACUDA

CAFÉ | 91

NL Bruisende kroeg voor "young at hearts" op één van de gezelligste pleintjes van de stad. Retrosfeertje, Karmeliet van het vat en gewoon pilsje is er standaard 33cl. Elke maand een sterk bier van de maand. FR Bar animé pour les « esprits jeunes » sur l'une des plus agréables places de la ville. Ambiance rétro, Karmeliet au fût et bière ordinaire en 33 cl. Chaque mois : une bière forte en suggestion. EN Vibrant bar for "young at hearts" on one of the friendliest squares of the city. Retro-atmosphere, Karmeliet on draught and lager standard size 33cl. Every month, a new strong beer of the month on offer! ↗ OSSENMARKT 1, 2000 ANTWERPEN ↗ 0472 29 54 97

KASSA 4

CAFÉ | 92

NL Deze bruine kroeg met gezellig, warm interieur en alternatief tintje is een geliefkoosde stek van de Antwerpse muziekscene. Groot terras op het plein, standaardpintjes van 33cl en La Chouffe van 't vat! FR Cette taverne brune à l'intérieur chaud et agréable et à l'accent alternatif est un des lieux préférés de la scène musicale anversoise. Grande terrasse sur la place, pintes de 33cl et Chouffe au fût ! EN This 'brown' pub with friendly, warm interior and alternative twist is a favourite haunt of the Antwerp music scene. Outdoor seating area on the square, standard beer 33cl and La Chouffe on draught! ↗ OSSENMARKT 21, 2000 ANTWERPEN ↗ 03 227 21 65 ↗ WWW.KASSA4.BE

CAFÉ CAPITAL

CLUB | 93

NL Deze pretentieloze club met familiale sfeer en zomerzwoel terras in het stadspark vult haar dansvloer met trendy feestvolk en programmeert de betere dj's van het moment, zowel nationaal als internationaal. FR Ce club sans prétention à l'ambiance familiale a une terrasse estivale dans le parc municipal. Clubbers branchés sur la piste et les meilleurs DJ du moment en programmation, de chez nous ou d'ailleurs. EN This unpretentious club with family atmosphere and summery terrace in the 'Stadspark' fills its dance floor with trendy party-goers and programmes the better DJs of the moment, both national and international. ↗ RUBENSLEI 37, 2018 ANTWERPEN ↗ 03 707 23 24 ↗ WWW.CAFECAPITAL.BE

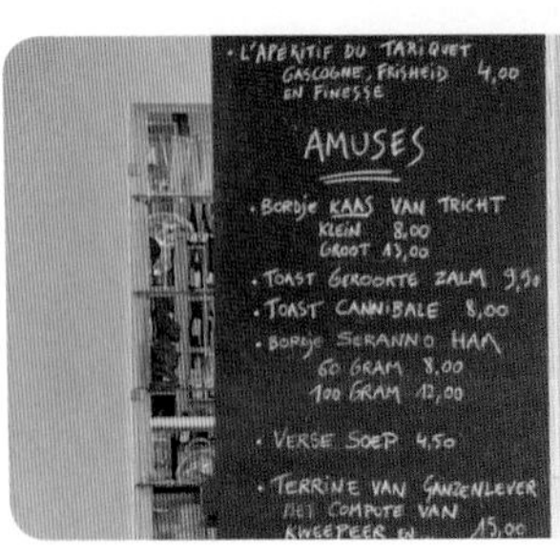

AMUSE

WIJNCAFÉ & SHOP | 94

NL In deze nieuwe wijnbar/wijnwinkel geniet u niet enkel van een goed glas wijn met amuses. Op de kaart ook verse soep, toasts, kazen of een fris pilsje. Alle wijnen zijn eveneens te koop in de winkel. FR Dans ce nouveau magasin/bar à vins, vous dégustez non seulement un bon verre de vin et des amuse-bouches mais aussi potages, toasts, fromages et bière fraîche. Tous les vins sont à vendre. EN Visit this new wine bar/wine shop for a good glass of wine and an amuse-gueule. Fresh soup, toasts, cheeses or cold beer are also on the menu and all wine can be bought in the shop. ↗ LAMBERMONTPLAATS 25, 2000 ANTWERPEN ↗ 0495 427 263 ↗ WWW.DENAMUSE.BE

FALSTAFF

LOUNGEBAR | 95

NL Gezellige loungebar die in een ontspannen sfeertje baadt en charmeert met een aanstekelijke mix van muziek, publiek, cocktails en een kaart voor de kleine honger. Leuk zomerterras op het marktplein. FR Agréable bar lounge offrant une atmosphère décontractée. Délicieux mélange de musique, public, cocktails et carte pour les petits creux. Belle terrasse d'été sur la place. EN Friendly and charming lounge bar with a relaxed atmosphere and a catchy mix of music, people, cocktails and snack menu. Great outdoor seating on the market square. ↗ OUDEVAARTPLAATS 226, 2000 ANTWERPEN ↗ 03 226 14 39 ↗ WWW.CAFE-FALSTAFF.BE

VERTIGO

EET- EN MUZIEKCAFÉ | 96

NL Gezellige spot met een zonovergoten terras en een charmante keuken voor de kleine & grote honger (van klassiek tot Midden-Oosten). Aanlokkelijk dagmenu en elke week jazzy liveconcertjes met gratis inkom! FR Cadre agréable avec terrasse inondée de soleil. Charmante cuisine (classique et moyen-orientale) pour un bon repas ou un en-cas. Menu du jour attrayant. Concerts hebdomadaires jazzy live gratuits ! EN Friendly spot with a sun-drenched terrace and a charming menu for snacks and à la carte food (from classic to Middle Eastern). Tempting day menu and weekly jazzy live concerts free of charge!

↗ DRAAKPLAATS 3, 2018 ANTWERPEN ↗ 03 272 45 00

HOTEL Of u nu houdt van een gemoedelijke bed & breakfast, een trendy hotel, of op zoek bent naar een gezellige kamer: in deze metropool kunt u overal terecht, en tevens in elke prijsklasse. HOTEL Que vous cherchiez le calme d'un bed & breakfast, un hôtel tendance ou une chambre confortable, vous trouverez tout dans cette métropole et à tous les prix. HOTEL If you're looking for a pleasant bed & breakfast, a trendy hotel, or a cosy room, this metropolis has it all, in every price category

HOTEL JULIEN

NL Subtiele combinaties met hedendaagse designklassiekers maken dit historisch pand tot het toonbeeld van hoe u in het hart van een bruisende binnenstad toch in alle rust & sereniteit gezellig cocoonen kan. FR Grâce aux combinaisons subtiles avec des éléments design classiques mais contemporains, ce bâtiment historique affiche un agréable et reposant esprit cocooning au cœur d'un centre-ville bouillonnant. EN Subtle combinations with contemporary design classics make this historic building into a model of how in the heart of a vibrant city centre you can still cocoon in all peace and quiet & serenity. ↗ KORTE NIEUWSTRAAT 24, 2000 ANTWERPEN ↗ 03 229 06 00 ↗ WWW.HOTEL-JULIEN.COM

MATELOTE HOTEL

HOTEL | 98

NL Oase van rust die de luxe van de 21e eeuw op een subtiele manier combineert met de charmes van 16e eeuwse architectuur. Negen individueel ingerichte kamers. Op wandelafstand van alle bezienswaardigheden. FR Oasis de paix alliant de manière subtile le luxe du 21e siècle au charme de l'architecture du 16e siècle. Neuf chambres individuelles. Situation idéale pour toutes les curiosités. EN Oasis of tranquillity which subtly combines 21st century luxury with the charms of 16th century architecture. Nine individually furnished rooms. Within walking distance of all the sights. ↗ HAARSTRAAT 11A, 2000 ANTWERPEN ↗ 03 201 88 00 ↗ WWW.MATELOTE.BE

SLEEPING AT LINNEN

NL Dit historische pand net naast de kathedraal heeft alle troeven: individueel gedecoreerde gastenkamers met select Belgisch bedlinnen, een gezellige ruimte met open haard, twee terrassen, de eigen hippe cocktailbar Nine en trendy winkels en restaurants net om de hoek. FR Des chambres personnalisées, au linge de lit belge. Le rez-de-chaussée ravissant offre deux terrasses et Nine, le bar à cocktails branché. EN Individually decorated rooms with the finest Belgian bed linen. Nice area downstairs with open fireplace and outdoor seating for a drink in the cool cocktail lounge Nine. Trendy restaurants and shops just around the corner. ↗
LIJNWAADMARKT 9, 2000 ANTWERPEN ↗ 0475 763 074 ↗ WWW.SLEEPINGATLINNEN.BE

maison delaneau

NL Tophotel met internationale uitstraling in het hart van de mode- en kunstwijk, dat zich tot een Europese speler opwerkte dankzij haar doorgedreven zin voor luxe, design en verfijnde service. De elegante architectuur ademt de Japanse filosofie van eenvoud en schoonheid. Dat geldt niet enkel voor de elf exclusieve kamers, maar ook voor de vergaderruimte en luxueuze cityspa. Bovendien verwent het nonchalant-extravagante salon u met kunstzinnige visuele prikkels, de beste champagnes, grand cru wijnen en delicatessen. FR Situé dans le quartier de la mode et des arts, cet hôtel haut de gamme de renommée internationale est devenu un acteur européen incontournable en mariant luxe, design et service raffiné. La simplicité et la beauté de la philosophie japonaise se retrouvent au fil de son élégante architecture, des onze chambres

HOTEL - SPA - SALON | 100

exclusives, de l'espace de réunion et des thermes luxueux. Entre nonchalance et extravagance, son salon au visuel esthétique accrocheur vous propose les meilleurs champagnes, de grands crus et des produits de luxe. EN Internationally acclaimed top hotel in the heart of the fashion and art district which worked its way up to become a European player thanks to its far-reaching sense of luxury, design and refined service. The elegant architecture breathes the Japanese philosophy of simplicity and beauty. This not only applies to the eleven exclusive rooms, but also the conference room and luxurious city spa. The nonchalant-extravagant 'salon' spoils you with arty visual stimuli, the best champagnes, grand-cru wines and fine food. ↗ KAREL ROGIERSTRAAT 18-20, 2000 ANTWERPEN ↗ 03 216 27 85 ↗ WWW.MAISONDELANEAU.COM

INTERVIEW

Jonas Govaerts

De grootste groep van 't Stad en bij uitbreiding gans ons vlakke land blijft natuurlijk **dEUS**, maar Tom Barman en zijn handlangers krijgen binnenkort misschien concurrentie van een stel jonge honden - zeg gerust hondsdollen - die luisteren naar de naam **The Hickey Underworld.** De eindtriomfators van Humo's Rock Rally editie 2006 zijn intussen bevallen van hun eerste, titelloze album dat unaniem werd bedolven onder superlatieven. Wanneer Jonas Govaerts niet (dixit Focus Knack) 'zijn zessnarige klankkast maltraiteert als was hij Bobby Brown en zijn gitaar Whitney Houston' en met zijn bandmaats de Vlaamse podia onveilig maakt, neemt hij plaats achter de camera om inktzwarte horrorprenten te filmen.

Je studeerde film aan Sint-Lukas in Brussel, vond je aan de Antwerpse scholen niet de juiste richting? Ik had me destijds her en der bevraagd en Brussel leek de beste reputatie te hebben inzake film. Veel verschil maakte het niet - Sint-Lukas ligt vlakbij het Noordstation, ik sprong rechtstreeks van de trein de klaslokalen in en vice versa. Veel Brusselse fauna en flora heb ik in die periode niet gezien. Ik heb wel goede herinneringen aan de lessen, vooral de cursus scenario door Marc Didden, de acteursoefeningen van Guido Henderickx en aan Pieter Van Hees, regisseur van Linkeroever, die destijds mijn eindwerk **Forever** begeleidde.

Hoe vorderen je filmambities? Behoorlijk goed. Ik dien binnenkort een dossier in voor mijn eerste langspeelfilm, ik ben benieuwd of het iets oplevert. Mijn laatste kortfilm, **Of Cats And Women**, rijfde enkele prijzen binnen, ondermeer als Beste Europese Kortfilm op het filmfestival van Sitges. Daar is hij opgemerkt door de mensen van The Safran Company in Los Angeles - ik word nu officieel vertegenwoordigd door een agency in Hollywood! (lacht) Klinkt nogal belachelijk, ik weet het.

Waarover gaat Of Cats And Women? Het is een adaptatie van een kortverhaal van de Schotse schrijfster Laura Hird. Marijke Pinoy speelt een ziekelijk jaloerse vrouw die de kat van haar ex-man kidnapt om wraak te nemen. Pas op, ik verwacht niet veel van die contacten in LA. Met een beetje geluk bieden ze mij Hellraiser 19 aan of zoiets. Maar nu heb ik wel een excuus om naar Amerika te reizen, tot nu toe ken ik LA enkel van de films en series die er opgenomen zijn.

Waar in Antwerpen ben je opgegroeid? Mijn ouders wonen in de Victor Jacobslei te Berchem; de huizen in onze straat zijn ontworpen door dezelfde architecten die de bekende Cogels-Osylei volgebouwd hebben, al oogt het bij ons iets bescheidener. Al bij al een gezapige buurt. In de vijfentwintig jaar dat ik er woonde ben ik maar één keer lastig gevallen op straat - een paar stampen tegen mijn kop tijdens het joggen. Ik kan me ook maar één moordzaak herinneren, in de diamantwinkel, en één uitgebrande auto. Grotendeels fijne herinneringen dus.

Tegenwoordig woon ik in het beruchte Vedukogebouw in de Carnotstraat. Oorspronkelijk een mooi pand maar de ingang is compleet verpest door de architect van de Vedukowinkel en wordt nu consequent bevolkt door zatlappen en zwervers. Gelukkig is de huishuur daardoor heel redelijk. Nog een pluspunt: het gebouw beschikt over een gigantische, leegstaande 'spookverdieping' - er heeft ooit een cinema ingezeten, maar ook een concertzaal en de showrooms van een 70s meubelwinkel. Ideale horrorlocatie, ik heb er de martelscenes van mijn kortfilm Abused opgenomen.

Vlaamse groepjes klagen steevast steen en been over het gebrek aan repetitieruimtes in hun stad. Hoe is het in Antwerpen gesteld? Dat valt goed mee. **The Hickey Underworld** mag nu een jaar lang op residentie in Trix, een soort creatief centrum annex concertzaal met massa's faciliteiten. Proper, veilig...een ware luxe.

Waar beleefde The Hickey Underworld zijn podiumdebuut? Younes (Faltakh, zanger) en ik hebben voor het eerst voor een live publiek gestaan op het vrij podium van onze school, KAB Berchem. Ze zijn er nog niet goed van (lacht). In de bezetting van **The Hickey Underworld** was dat in het jeugdhuis De Sorm, vlakbij de luchthaven van Deurne. Ik heb er goede herinneringen aan, vooral omdat we ondanks alles mochten terug komen (lacht). Sommige mensen achter De Sorm zitten nu in de organisatie van de 'artistieke vrijplaats' Scheld'apen. Ze organiseren uistekende optredens, zo heb ik er legendarische passages van ondermeer **Lightning Bolt** en **Black Heart Procession** mogen aanschouwen.

Welk onbekend muzikaal talent uit het Antwerpse kan je ons tippen? Ik vind vooral **Deadsets** veelbelovend. Aparte sound, zeer melodieus en mooie samenzang. Ze zijn nog niet getekend door een platenfirma maar het is de bedoeling dat we met **The Hickey Underworld** hun eerste plaatje gaan producen. Althans, dat gaan we proberen.

Wordt je meer getrakteerd op café nu het album zo enthousiast onthaald wordt? Meer getrakteerd niet, maar het toeval wil dat één van de groepsleden in **Deadsets** de barman is van ons stamcafé Kassa 4. We krijgen nu extra uitstel om onze poef af te betalen (lacht).

Kassa 4 is zowat het epicentrum van de Antwerpse muziekscene, niet? Het is een muzikantencafé, dat klopt. Sommige dagen zit de halve Afrekeninglijst er aan de toog! Daar zijn voorlopig nog geen allianties van gekomen, al lijkt dat onvermijdelijk in Antwerpen. Tom Barman liet wel al eens vallen om 'iets' met **Magnus** te doen. We'll see, muzikaal zijn we nogal op onszelf met **The Hickey Underworld**.

Stel dat de platenfirma eist dat je met de groep verkast naar pakweg Londen of Parijs, laat je 't Stad dan zonder problemen achter je? Oei, dat is een moeilijke. (denkt) Ik geloof van niet. We zijn allemaal nogal verknochte Antwerpenaren en we hebben naast de groep nog een leven, natuurlijk.

Ook niet als het je carrière vooruit kan helpen? Ik vind het al verbazingwekkend dat we zover gekomen zijn! Hoe harder we het saboteren hoe beter het er lijkt op te worden.

The biggest band of Antwerp and, by extension, all of Belgium is of course **dEUS**. However, Tom Barman and his mates may soon face competition from a new pack of young dogs - or crazy dogs - known as **The Hickey Underworld**. The winners of Humo's Rock Rally 2006 edition released their first album (without a title) which has been heaped with praise by all and sundry. When Jonas Govaerts is not (dixit Focus Knack) 'abusing his six-stringed acoustic box as if he were Bobby Brown and his guitar Whitney Houston' and strutting his stuff on Flanders' stages, he can be found behind the camera making jet black horror movies.

You studied Audiovisual arts at St. Lukas in Brussels, did you not find what you wanted to do in any of the Antwerp schools? At the time I'd made some enquiries and Brussels seemed to have the best reputation for audiovisual arts. It didn't make much difference - St. Lukas is very close to the Noordstation, I went directly from the train into class and vice versa. I didn't see much of the fauna and flora of Brussels over that period but I do have fond memories of the lessons, particularly the Scenario course taught by Marc Didden, Guido Henderickx' acting exercises and Pieter Van Hees, director of Linkeroever, who supervised my thesis **Forever**.

How are your filming ambitions progressing? Quite well. I'll be submitting my first file for my first full-length film before too long, I am curious if something will come of it. My last short film, **Of Cats And Women**, won a couple of awards, among others the Best European Short film at the Sitges film festival. The people of The Safran Company in Los Angeles took notice of it - and I am now officially represented by an agency in Hollywood! (laughs) Sounds rather ridiculous, I know.

What is Of Cats And Women about? It's an adaptation of a short story by Scottish author Laura Hird. Marijke Pinoy plays a pathologically jealous woman who kidnaps her ex-husband's cat to take revenge. I'm not expecting much from these contacts in LA, mind you. With a bit luck they'll offer me Hellraiser 19 or something. But now I do have the perfect excuse to travel to America, I only know LA from the movies and series recorded there.

Where in Antwerp did you grow up? My parents live in the Victor Jacobslei in Berchem; the houses in our street were designed by the same architects who designed the well known Cogels Osylei, although the houses in our street are less grand. All in all, a friendly neighbourhood. In the twenty-five years I've lived there I've only been bothered once on the street - a couple of kicks against the head when I'd gone for a jog. I can remember one murder, in the diamond shop, and one burnt out car. Mostly nice memories. I know live in the renowned Veduko building in the Carnotstraat. Originally a nice looking building but the entrance has been completely ruined by the architect of the Veduko store and is now a home to drunks and tramps. Fortunately this makes the rent quite affordable. Another bonus: the building has a huge, vacant 'ghost floor' - once upon a time it housed a cinema, but also a concert hall and the showrooms of a 70s furniture store. An ideal horror location, I recorded the torture scenes of my short film Abused there.

Flemish groups are always complaining about the lack of rehearsal spaces in their city. What's it like in Antwerp? Not too bad. **The Hickey Underworld** is able to use Trix for a whole year. Trix is a kind of creative centre plus concert hall with loads of facilities. Clear, safe... absolute luxury.

Where was The Hickey Underworld's first gig? The first time Younes (Faltakh, singer) and I were live in front of an audience was at our school, KAB Berchem. They're still recovering (laughs). The Hickey Underworld's first gig was at youth club De Sorm, near Deurne airport. I have fond memories of it. Mostly because in spite of everything they wanted us to come back (laughs). Some people behind the scenes of De Sorm are now involved in the organisation of the 'artistieke vrijplaats' Scheld'apen. They organise great gigs. For instance, I saw **Lightning Bolt** and **Black Heart Procession** pass by there.

What unknown musical talent from Antwerp would you tip as being the next big thing? I think **Deadsets** are promising. Separate sound, very melodious and good harmony. They have not yet been signed by a record label but the plan is to produce their first record with **The Hickey Underworld**. That's the plan anyway.

Are you offered more drinks when you go out now that your album has been so well received? I'm not offered more drinks, but chance has it that one of the **Deadsets** members is the barman of our favourite pub Kassa 4. We now have more time to settle our tab (laughs).

Kassa 4 is kind of the epicentre of the Antwerp music scene, isn't it? It's a pub full of musicians, yes. Some days it seems the clientele is made up Belgium's music elite! To date, no alliances have come of it, but that seems inevitable in Antwerp. Tom Barman already 'hinted' at doing 'something' with his other band **Magnus**. We'll see, musically **The Hickey Underworld** likes to do its own thing.

Could you leave Antwerp without any qualms if a record company told you you had to move to, let's say, London or Paris? Wow, that's a difficult one. (thinks. I don't think so. We're all very attached to Antwerp and we all have a life apart from the group of course.

Not even if it would further your career? I can't believe we've made it to where we are now! The harder we sabotage it, the better things seem to get.

RESTAURANTS

SHOPPING

KIDS

PAGINA / PAGE

BEAUTY & HEALTH

PAGINA / PAGE

BARS & NIGHTLIFE

HOTEL

A

NL HISTORISCH CENTRUM EN HANDELSWIJK FR CENTRE HISTORIQUE ET QUARTIER DU COMMERCE EN OLD CITY AND MERCHANT DISTRICT

SINT ALDEGONDISCHKAAI
ST-PIETERSVLIET
JORDAENSKAAI
OUDEMANSTR
LEGUIT
VERVERSRUI
FALCONPLEIN
KOMMEKENSSTR
KAASBRUG
KEISTRAAT
DRIES
NOSESTR
ST-PAULUSSTRAAT
HUIKSTRAAT
WANDELTERRAS NOORD
GORTERSTR
VEEMARKT
PREDIKERINNENSTR
ZWARTE ZUSTERSSTR
BURCHTGRACHT
VLEESHOUWERSSTR
DOORNIKSTRAAT
ZIRKSTRAAT
STOELSTR
LANGE KOEPOORTSTR
KLEINE GODDAARD
MINDERBROEDERSRUI
HOFSTRAAT
OUDE BEURS
BRADERIJSTR
JERUZALEMSTR
COPPENOLSTR
GROTE GODDAARD
KAASSTR
WOLSTR
SUIKERRUI
GROTE MARKT
KAASRUI
KORTE KOEPOORTSTR
WIJNGAARDSTR
JEZUSENRUI
H. CONSCIENCE PLEIN
ERNEST DIJCKKAAI
GROTE PIETERPOTSTR
KLEINE PIETERPOTSTR
HAARSTR
OUDE KOORNMARKT
KORTE NIEUWSTRAAT
WANDELTERRAS ZUID
HOOGSTRAAT
VLAEYKENS GANG
VLEMINCKSTR
MELKMARKT
VLASMARKT
PELGRIMSTR
J. BLOMSTR
ISRAELIETENLAAN
ZAND
REYNDERSSTRAAT
GROENPLAATS
STOOFSTR
ST-JANSVLIET
H. GEESTSTR
LEEUWENSTR
BERGSTR
KAMMENSTR
SCHOENMARKT
VRIJDAG MARKT
GIERSTSTR
PANDSTRAAT
GEEFSTR
SCHRIJNWERKERSSTRAAT
WIEGSTR
PLANTINKAAI
SCHELDEKEN
OEVER
STEENHOUWERSVEST
RIJKENHOEK
KORTE RIDDERSTR
DRUKKERIJSTR
LOMBARDENVEST
GROENDALSTR
KROMME ELLEBOOGSTR
MUNTSTR
AUGUSTIJNENSTRAAT
LOMBARDENSTR

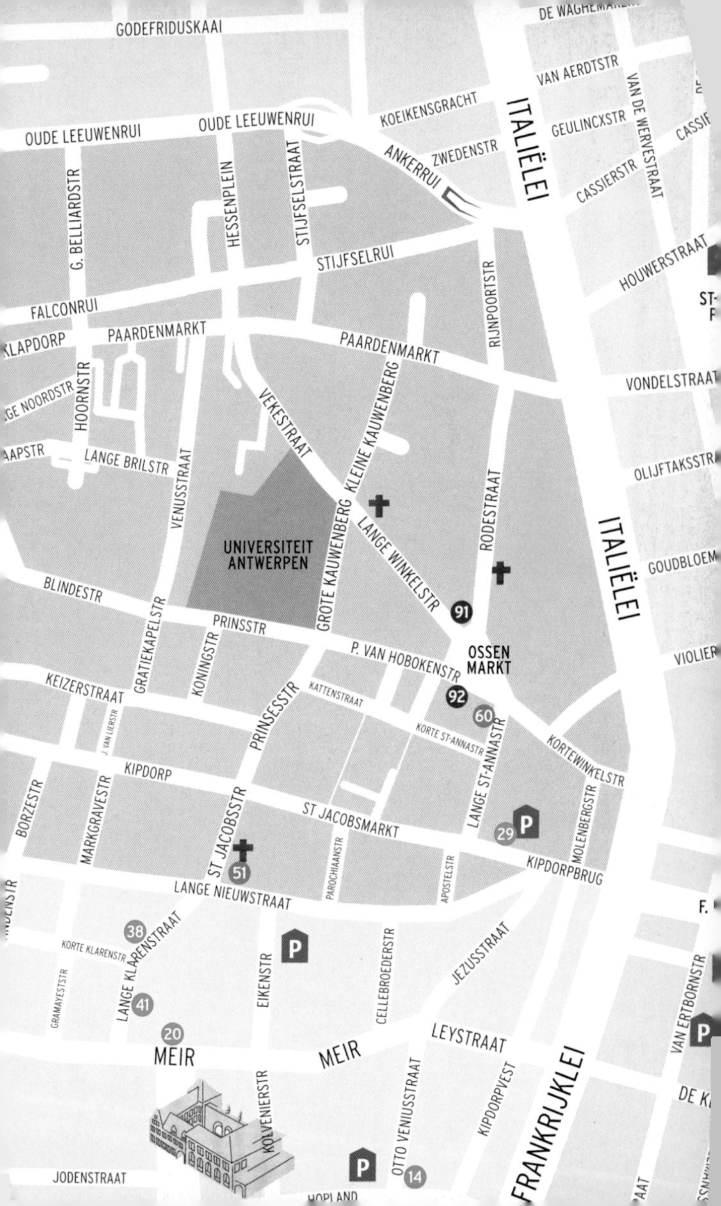

GODEFRIDUSKAAI
OUDE LEEUWENRUI
KOEIKENSGRACHT
VAN AERDTSTR
GEULINCXSTR
VAN DE WERVESTRAAT
ITALIËLEI
ZWEDENSTR
ANKERRUI
CASSIERSTR
G. BELLIARDSTR
HESSENPLEIN
STIJFSELSTRAAT
STIJFSELRUI
HOUWERSTRAAT
FALCONRUI
RIJNPOORTSTR
PAARDENMARKT
VONDELSTRAAT
HOORNSTR
VEKESTRAAT
KLEINE KAUWENBERG
LANGE BRILSTR
VENUSSTRAAT
OLIJFTAKSSTR
RODESTRAAT
UNIVERSITEIT ANTWERPEN
LANGE WINKELSTR
GROTE KAUWENBERG
GOUDBLOEM
BLINDESTR
PRINSSTR
91
OSSEN MARKT
GRATIEKAPELSTR
KONINGSTR
P. VAN HOBOKENSTR
KEIZERSTRAAT
KATTENSTRAAT
PRINSESSTR
92
60
J. VAN LIERSTR
KORTE ST-ANNASTR
KORTEWINKELSTR
KIPDORP
LANGE ST-ANNASTR
BORZESTR
MARKGRAVESTR
ST JACOBSSTR
ST JACOBSMARKT
PAROCHIAANSTR
29
P
MOLENBERGSTR
KIPDORPBRUG
APOSTELSTR
51
LANGE NIEUWSTRAAT
38
KORTE KLARENSTR
LANGE KLARENSTRAAT
EIKENSTR
CELLEBROEDERSTR
JEZUSSTRAAT
GRAMAYESTSTR
41
20
MEIR
LEYSTRAAT
FRANKRIJKLEI
VAN ERTBORNSTR
KIPDORPVEST
OTTO VENIUSSTRAAT
KOLVENIERSTR
14
JODENSTRAAT
HOPLAND

B
NL DE MODEWIJK
FR LE QUARTIER DE LA MODE
EN THE FASHION DISTRICT
WANDELTERRAS ZUID
ERNEST DIJCKK
GROTE PIETERPOT
KLEINE PIETERPOTSTR
HAARSTR
HOOGSTRAAT
OUDE KO
VLAEYKENS GANG
VLASMARKT
ZAND
STOOFSTR
ST-JANSVLIET
HOOGSTRAAT
H. GEESTSTR
REYNDERSSTRAA
PELGRIMST
LEEUWENSTR
VRIJDAG MARKT
STEENHOUWERSVEST
PLANTINKAAI
SCHELDEKEN
RIJKENHOEK
OEVER
KORTE RIDDERSTR
MUNTSTR
KROMME ELLEBOOGSTR
VLAANDERENSTR
AUGUSTIJNENSTR
DRUKKERIJSTR
NATIONALESTRAAT
LANGE RIDDERSTRAAT
ST-ANDRIESSTR
ST-MICHIELSSTR
VERBRANDE ENTREPOTSTR
KLOOSTERSTRAAT
RIJKE BEUKELAARSTR
STRAAT
POMP-
FRANCKENSTR
ARSENAALSTR
KORTE VLIERSTR
STEENBERGSTR
SALMSTR
ST-ANDRIES PLAATS
FORTUINSTRAAT
SINT-MICHIELSKAAI
LANGE VLIERSTRAAT
PACHTSTR
AALM
GOEDE HOOPSTR
PREKERSTRAAT
VIS MARKT
RIEMSTRAAT
KLOOSTERSTRAAT
W.LEPELSTRAAT
VAN CRAESBEEKSTRAAT
NATIONALESTR
ST-ROCHUSST
SCHELDESTRAAT
TIMMERWERFSTR
KRONENBURGSTRAAT
KRONENBURGST
LEUVENSTRAAT
WAALSE KAAI
GRAAF VAN EGMONTSTRAAT
SCHELDESTRAAT
GEUZENSTRAAT
LAMBERMONTSTR
WAPENSTR
VLAAMSE KAAI
VORSTERMANSTR
VOLKSTRAAT
VERLATSTRAAT
MARNIX PLAATS
WELVA
TOLSTR
ROGIERSTR
P
98 49 35 76 73 24 32 2 13 27 4 62 70 5 44 40 37 87 77 54 25 10 30 11 9 100 72 33 74 58

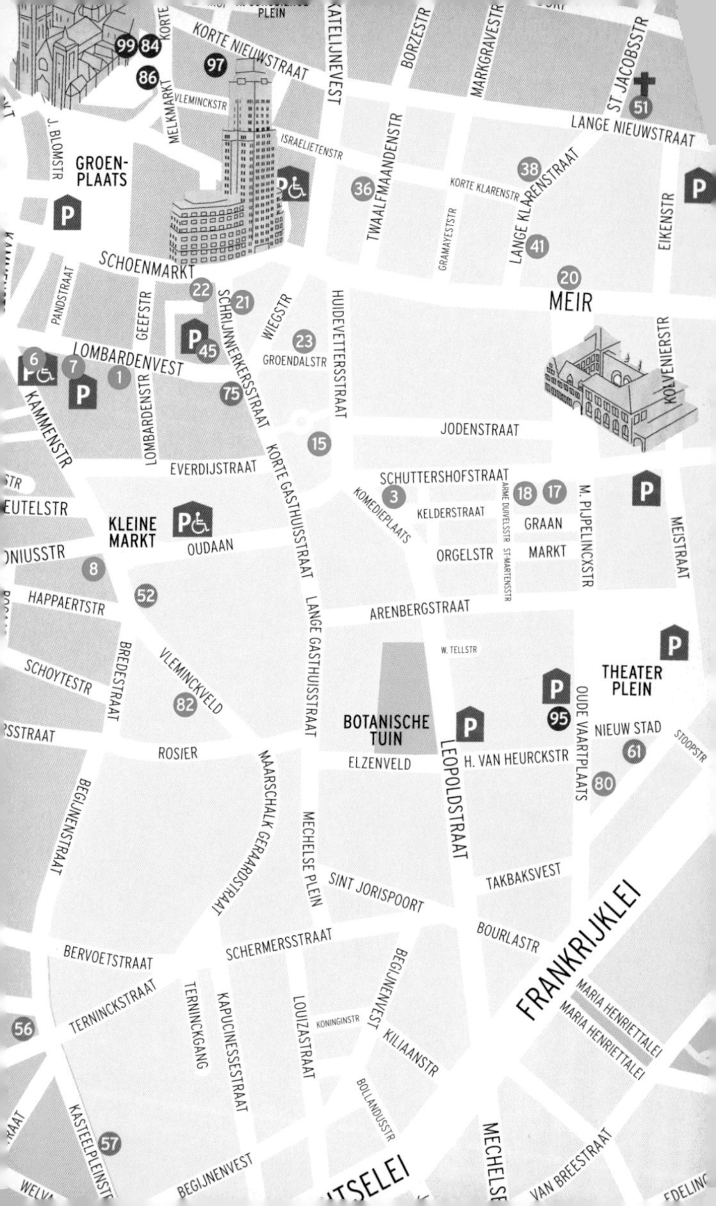

GROEN-
PLAATS
SCHOENMARKT
KORTE NIEUWSTRAAT
MELKMARKT
VLEMINCKSTR
ISRAELIETENSTR
KATELIJNEVEST
BORZESTR
MARKGRAVESTR
ST JACOBSSTR
LANGE NIEUWSTRAAT
TWAALFMAANDENSTR
KORTE KLARENSTR
LANGE KLARENSTRAAT
GRAMAYESTSTR
EIKENSTR
MEIR
KOLVENIERSTR
J. BLOMSTR
PANDSTRAAT
GEEFSTR
LOMBARDENVEST
LOMBARDENSTR
SCHRIJNWERKERSSTRAAT
WIEGSTR
GROENDALSTR
HUIDEVETTERSSTRAAT
KAMMENSTR
JODENSTRAAT
EVERDIJSTRAAT
KORTE GASTHUISSTRAAT
SCHUTTERSHOFSTRAAT
KOMEDIEPLAATS
KELDERSTRAAT
ARME DUIVELSTR
GRAAN
MARKT
ORGELSTR
ST-MARTENSSTR
M. PIJPELINCXSTR
MEISTRAAT
KLEINE
MARKT
OUDAAN
HAPPAERTSTR
ARENBERGSTRAAT
W. TELLSTR
LANGE GASTHUISSTRAAT
THEATER
PLEIN
SCHOYTESTR
BREDESTRAAT
VLEMINCKVELD
BOTANISCHE
TUIN
OUDE VAARTPLAATS
NIEUW STAD
STOOPSTR
ROSIER
ELZENVELD
LEOPOLDSTRAAT
H. VAN HEURCKSTR
BEGIJNENSTRAAT
MAARSCHALK GERAARDSTRAAT
MECHELSE PLEIN
SINT JORISPOORT
TAKBAKSVEST
BOURLASTR
FRANKRIJKLEI
BERVOETSTRAAT
SCHERMERSSTRAAT
TERNINCKSTRAAT
TERNINCKGANG
KAPUCINESSESTRAAT
LOUIZASTRAAT
KONINGINSTR
BEGIJNENVEST
KILIAANSTR
MARIA HENRIETTALEI
BOLLANDUSSTR
KASTEELPLEINSTR
BEGIJNENVEST
MECHELSE
VAN BREESTRAAT

C
HET ZUID
SINT-MICHIELSK
GOEDE HOOPSTR
PREKER
VIS MARKT
RIEMSTRAAT
KLOOSTERSTRAAT
W.LEPELSTRA
SCHELDESTRAAT
TIMMERWERFSTR
KRONENBURGST
LEUVENSTRAAT
WAALSE KAAI
COCKERILLKAAI
WAPENSTR
GRAAF VAN EGMONTSTRAAT
VLAAMSE KAAI
VORSTERMANSTR
LUIKSTR
IJZERENPOORTKAAI
VERLATSTRAAT
VOLKS
VISSERSKAAI
MUSEUMSTRAAT
L. DE WAEL PLAATS
KAREL
LAKENSTR
DE GERLACHEKAAI
VERVIERSSTR
DE BURBURESTRAAT
POURBUSSTR
SCHALIENSTRAAT
VERSCHANSINGSTRAAT
GILLIS PLAATS
LEOPOLD DE WAELSTR
BEELDHOUWERSTRAAT
AMENSTR
KASTEELSTRAAT
EDW. PECHERSTRAAT
GRAAF VAN HOORNESTRAAT
ADMIRAAL DE BOISOTSTRAAT
ALLEAERTSTRAAT
GENT PLAATS
GIJZELAARSTRAAT
LAMBERMONT PLAATS
SWEEPSTRAAT
AMERIKALEI
PACIFICATIESTRAAT
EMIEL BANNINGSTRAAT
DHANISLAAN
BARON
JAN VAN GENTSTRAAT
J. LIESSTRAAT
BELEGSTRAAT
MONTIGNYSTRAAT
CUYLITSSTRAAT
BOLIVAR PLAATS
DENDERMONDESTRAAT
P
87
77
25
74
33
72
78
65
31
68
26
47
19
34
88
55
66
85
94
53
16

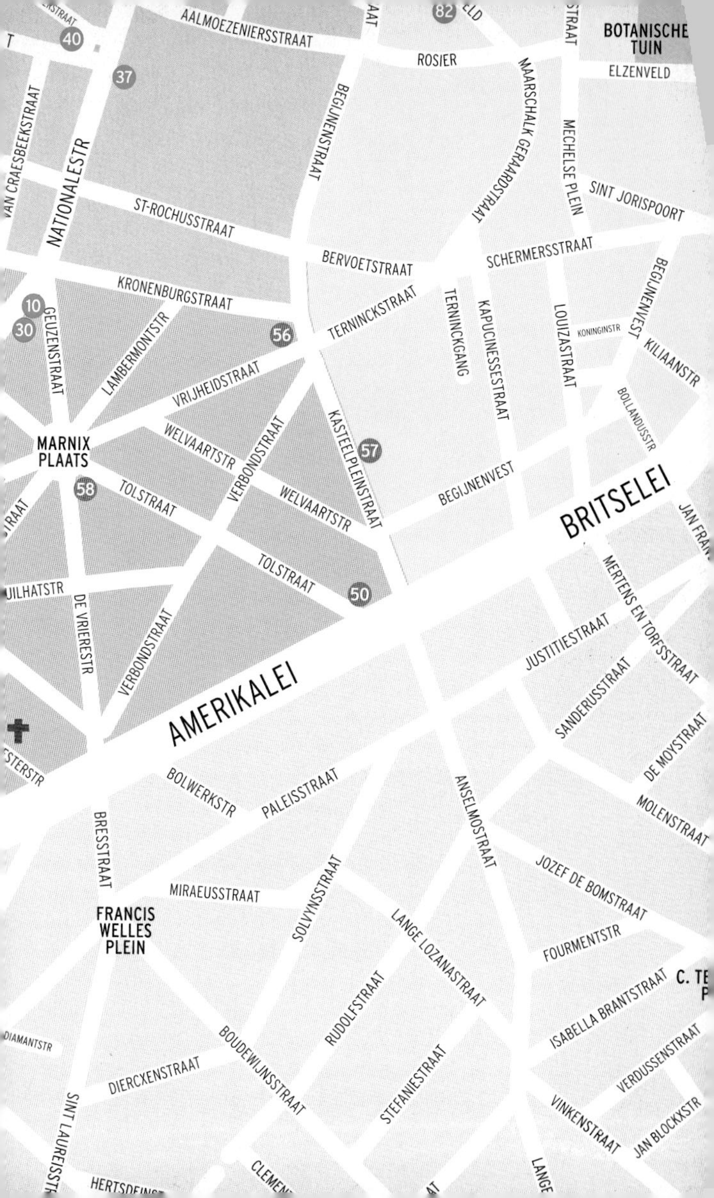

AALMOEZENIERSSTRAAT
ROSIER
BOTANISCHE TUIN
ELZENVELD
BEGIJNENSTRAAT
MAARSCHALK GERAARDSTRAAT
MECHELSE PLEIN
VAN CRAESBEEKSTRAAT
NATIONALESTR
ST-ROCHUSSTRAAT
SINT JORISPOORT
BERVOETSTRAAT
SCHERMERSSTRAAT
KRONENBURGSTRAAT
TERNINCKSTRAAT
TERNINCKGANG
KAPUCINESSESTRAAT
LOUIZASTRAAT
KONINGINSTR
BEGIJNENVEST
KILIAANSTR
GEUZENSTRAAT
LAMBERMONTSTR
VRIJHEIDSTRAAT
BOLLANDUSSTR
MARNIX PLAATS
WELVAARTSTR
VERBONDSTRAAT
KASTEELPLEINSTRAAT
TOLSTRAAT
BEGIJNENVEST
BRITSELEI
MERTENS EN TORFSSTRAAT
DE VRIERESTR
JUSTITIESTRAAT
SANDERUSSTRAAT
AMERIKALEI
DE MOYSTRAAT
BOLWERKSTR
PALEISSTRAAT
ANSELMOSTRAAT
MOLENSTRAAT
BRESSTRAAT
JOZEF DE BOMSTRAAT
MIRAEUSSTRAAT
SOLVYNSSTRAAT
FRANCIS WELLES PLEIN
LANGE LOZANASTRAAT
FOURMENTSTR
RUDOLFSTRAAT
ISABELLA BRANTSTRAAT
DIAMANTSTR
BOUDEWIJNSSTRAAT
STEFANIESTRAAT
VERDUSSENSTRAAT
DIERCXENSTRAAT
VINKENSTRAAT
JAN BLOCKXSTR
40
37
10
30
56
57
58
50
82

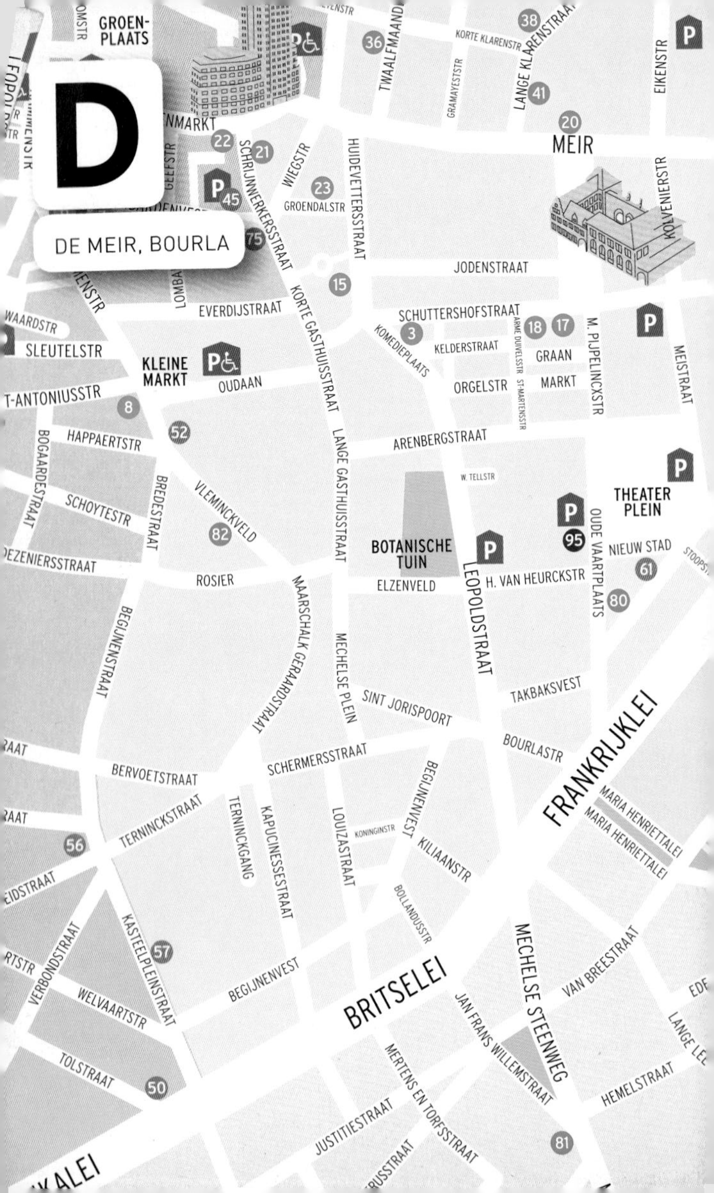

D
DE MEIR, BOURLA
GROEN-PLAATS
TWAALFMAAND
KORTE KLARENSTR
LANGE KLARENSTRAAT
GRAMAYESTSTR
EIKENSTR
MEIR
KOLVENIERSTR
SCHRIJNWERKERSSTRAAT
WIEGSTR
HUIDEVETTERSSTRAAT
GROENDALSTR
GEEFSTR
JODENSTRAAT
EVERDIJSTRAAT
KORTE GASTHUISSTRAAT
SCHUTTERSHOFSTRAAT
KOMEDIEPLAATS
KELDERSTRAAT
ARME DUIVELSTR
GRAAN MARKT
M. PIJPELINCXSTR
MEISTRAAT
SLEUTELSTR
KLEINE MARKT
OUDAAN
ORGELSTR
ST-MARTENSSTR
ARENBERGSTRAAT
HAPPAERTSTR
BOGAARDESTRAAT
SCHOYTESTR
BREDESTRAAT
VLEMINCKVELD
LANGE GASTHUISSTRAAT
W. TELLSTR
THEATER PLEIN
BOTANISCHE TUIN
OUDE VAARTPLAATS
NIEUW STAD
ROSIER
MAARSCHALK GERAARDSTRAAT
ELZENVELD
LEOPOLDSTRAAT
H. VAN HEURCKSTR
BEGIJNENSTRAAT
MECHELSE PLEIN
SINT JORISPOORT
TAKBAKSVEST
BOURLASTR
FRANKRIJKLEI
BERVOETSTRAAT
SCHERMERSSTRAAT
BEGIJNENVEST
MARIA HENRIETTALEI
TERNINCKSTRAAT
TERNINCKGANG
KAPUCINESSESTRAAT
LOUIZASTRAAT
KONINGINSTR
KILIAANSTR
BOLLANDUSSTR
VERBONDSTRAAT
KASTEELPLEINSTRAAT
WELVAARTSTR
BEGIJNENVEST
BRITSELEI
MECHELSE STEENWEG
VAN BREESTRAAT
JAN FRANS WILLEMSTRAAT
MERTENS EN TORFSSTRAAT
TOLSTRAAT
JUSTITIESTRAAT
HEMELSTRAAT
P
45
3 8 15 17 18 20 21 22 23 36 38 41 50 52 56 57 61 75 80 81 82 95